성경 암송과 거룩한 습관

성경 암송과 거룩한 습관

지은이 | 강준민
초판 발행 | 2019. 11. 20
2쇄 | 2024. 10. 15
등록번호 | 제1988-000080호
등록된 곳 | 서울특별시 용산구 서빙고로65길 38
발행처 | 사단법인 두란노서원
영업부 | 2078-3333   FAX | 080-749-3705
출판부 | 2078-3331

책값은 뒤표지에 있습니다.
ISBN 978-89-531-3645-8   03230

독자의 의견을 기다립니다.
tpress@duranno.com   www.duranno.com

* 이 책은 《성경 암송의 축복》의 개정증보판입니다.

두란노서원은 바울 사도가 3차 전도여행 때 에베소에서 성령 받은 제자들을 따로 세워 하나님의 말씀으로 양육하던 장소입니다. 사도행전 19장 8-20절의 정신에 따라 첫째 목회자를 돕는 사역과 평신도를 훈련시키는 사역, 둘째 세계선교(TIM)와 문서선교(단행본·잡지) 사역, 셋째 예수문화 및 경배와 찬양 사역, 그리고 가정·상담 사역 등을 감당하고 있습니다. 1980년 12월 22일에 창립된 두란노서원은 주님 오실 때까지 이 사역들을 계속할 것입니다.

성경 암송과 거룩한 습관

기적과 감사를
만드는
강력한 무기

강준민
지음

두란노

CONTENTS

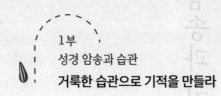
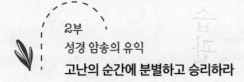

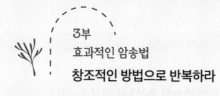

3부
효과적인 암송법
창조적인 방법으로 반복하라

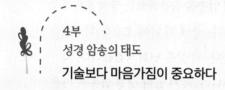

4부
성경 암송의 태도
기술보다 마음가짐이 중요하다

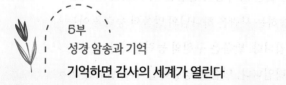

5부
성경 암송과 기억
기억하면 감사의 세계가 열린다

《성경 암송과 거룩한 습관》은 《성경 암송의 축복》의 개정증보판입니다. 책을 쓰는 목회자로서 책은 생명체와 같다는 생각을 할 때가 많습니다. 어떤 책은 수명이 짧고 어떤 책은 수명이 깁니다. 이 책은 장수하고 있습니다.

저는 예수님을 믿은 후에 성경 암송을 습관화하는 영적 훈련을 받았습니다. 성경을 암송하는 훈련을 받는 중에 제 안에 조용한 혁명이 일어나는 것을 경험했습니다. 성경 암송은 제 삶을 변화시켰습니다. 제 언어와 생각과 행동과 습관을 바꾸었습니다. 제게 있어 성경 암송은 마음의 그릇에 말씀의 보배를 쌓는 것입니다. 마음은 그릇과 같습니다. 무엇을 담느냐에 따라 달라집니다. 예수님은 우리 마음에 가득한 것을 입으로 말한다고 가르쳐 주셨습니다(눅 6:45).

성경을 암송한다는 것은 하나님의 말씀을 외우고, 우리 마음에 담는 것입니다. 성경을 암송하는 사람은 하나님의 말씀의 능력을 아는 사람입니다. 말씀은 창조력입니다. 말씀은 구원의 능력입니다. 말씀은 치유력입니다. 말씀은 회복력입니다. 말씀은 영향력입니다. 말씀은 파장을 일으킵니다. 말씀은 우리의 생각과 언어와 행동에 영향을 줍니다. 말씀은 사람들과 관계를 맺는 능력입니다.

성경 암송은 영적 전쟁에서 아주 중요한 역할을 합니다. 바울은 말씀을 성령의 검이라고 말합니다(엡 6:17). 예수님이 마귀의 시험을 받으실 때 세 번이나 기록된 말씀으로 마귀의 시험을 물리치셨습니다(마 4:4, 7, 10). 예수님은 습관을 따라 성경을 읽고, 암송하셨습니다. 암송한 말씀을 영적 전쟁에 사용하셨습니다. 성경 암송은 영적 훈련의 기본입니다. 우리가 기본을 잘 다질 때 지속적으로 성장하게 됩니다. 예수님이 성경을 암송하셨다면 제자된 우리 역시 당연히 예수님의 모범을 따라야 합니다.

이번에 성경 암송에 관한 책을 새롭게 준비하면서 두 편의 글을 추가했습니다. "성경 암송과 습관"과 "성경 암송과 기억"입니다. 그 이유는 영성 형성에 있어 습관의 중요성과 기억의 중요성을 새롭게 깨달은 까닭입니다.

성경 암송은 거룩한 습관입니다. 나쁜 습관을 내려놓고 거룩한 습관을 형성하는 것이 축복입니다. 습관은 반복을 통해 형성됩니다. 작은 반복이 지속되면 습관이 형성됩니다. 특별히 창조적인 반복, 입체적인 반복, 잘못된 것을 수정하면서 새롭게 시도하는 반복이 우리를 탁월하게 합니다. 잘못된 태도와 잘못된 방법으로 반복하면 잘못된 일들이 지속됩니다. 반면에 올바른 태도와 창조적인 방법으로 반복하면 복된 결과를 낳게 됩니다.

성경 암송은 또한 하나님의 말씀과 그분의 은혜를 기억하는 것입니다. 기억하는 것은 기념하는 것입니다. 기념은 다시 경험하는 것입니다. 우리는 성경 암송을 통해 성경에 나오는 사건을 거룩한 상상력을 통해 다시 경험할 수 있습니다. 기억뿐 아니라 망각해야 할 것을 망각하는 것도 은혜입니다. 마땅히 잊어야 할 과거는 잊어야 합니다. 우리는 잊어야 할 것은 기억하고, 기억해야 할 것은 망각하며 살아갑니다. 이런 오류를 극복할 수 있는 것이 성경 암송입니다.

저는 성경 암송의 유익과 축복과 방법을 이 책 속에 자세히 기록했습니다. 성경 암송은 말씀으로 시작해서 찬양과 경배와 기도로 이어집니다 (골 3:16). 또한 성경 암송은 우리 삶 속에서 말씀을 따라 살 수 있는 지혜를 얻도록 도와줍니다. 우리가 말씀을 붙잡을 때 말씀이 우리를 붙잡아 줍니다. 말씀이 우리를 읽어 줍니다. 우리가 말씀을 붙잡을 때 말씀이 우리의 언어를 고상하게 만들어 줍니다. 무엇보다 깊이 생각할 수 있는 생각의 근육을 키워 줍니다. 위기에 처할 때 침착하게 대응할 수 있는 분별력을 키워 줍니다. 감정이나 충동에 따라 움직이지 않고 말씀을 따라 움직일 수 있도록 도와줍니다.

하나님이 가장 기뻐하시는 것이 성경 암송입니다. 하나님은 성경을 암송함으로써 우리 마음에 말씀을 새기길 원하십니다(신 6:6). 영적 전쟁에서 승리하는 삶을 살기를 원하십니다(요일 2:14).

우리 마음에 성경을 읽고 싶고, 성경을 암송하고 묵상하고 싶은 마음을 주시는 분은 오직 성령님입니다. 마귀는 그런 마음을 주지 않습니다. 성경의 원저자이신 성령님과 함께 성경을 암송하십시오. 성경을 암송하는 중에 말씀 속에 감추인 그리스도의 영광을 바라보십시오(고후 4:6). 그리스도의 영광을 바라보는 중에 그리스도를 닮아가는 은혜를 누리십시오(고후 3:18).

이 책은 성경 암송을 잘하고 지속할 수 있는 은총의 도구입니다. 하나님이 이 책을 읽는 한 분 한 분에게 성경 암송을 통해 말씀의 능력을 경험하도록 도와주시길 기도드립니다. 저는 성경 암송을 지속하기 위해서는 성경을 함께 암송하고, 성경 암송을 통해 깨달은 것들을 함께 나누는 공동체가 필요하다는 것을 깨달았습니다. 그래서 개인뿐만 아니라 소그룹 모임에서 함께 암송하면 좋겠습니다. 이를 위해 공동체가 나눌 수 있는 질문들을 준비했습니다.

저는 하나님이 이 책을 사용하셔서 한국 교회와 이민 교회에 말씀의 부흥을 일으켜 주시길 소원합니다. 성심을 다해 책을 출판해 주신 두란노 가족들에게 깊은 감사를 드립니다. 성경 암송을 통해 그리스도의 영광을 보게 해주신 성삼위 하나님께 감사와 영광을 올려 드립니다.

로스앤젤레스에서
강준민 드림

1부

성경 암송과 습관

거룩한 습관으로
기적을 만들라

■ 거룩한 습관을 지속시키는 원동력이 있다

성경 암송은 말씀 묵상과 밀접한 관계가 있습니다. 성경 암송과 말씀 묵상의 핵심은 반복과 지속에 있습니다. 말씀을 암송하고 묵상하는 일을 반복하게 되면 말씀이 우리 마음에 새겨지게 됩니다 (신 6:6-7).

말씀 묵상의 비밀은 말씀을 즐거워하는 것입니다. 말씀을 즐거워하며 주야로 묵상하는 것입니다(시 1:2). 말씀을 즐거워하는 것은 말씀을 사랑한다는 의미입니다. 말씀을 사랑하는 것은 말씀을 주신 하나님을 사랑하는 것입니다. 인간은 사랑하는 것과 사랑하는 대상에 의해 만들어져 갑니다. 인간은 사랑하는 것을 즐거워하고, 즐거워하는 것을 반복하게 됩니다. 말씀을 사랑하면 주야로 묵상하게 됩니다(수 1:8). 말씀을 사랑했던 시편 기자는 하루 일곱 번씩 주님의 말씀으로 인해 주님을 찬양했습니다.

주의 의로운 규례들로 말미암아 내가 하루 일곱 번씩 주를 찬양하나이다 시 119:164

성경 암송을 지속하기 위해서는 성경 암송이 습관이 되어야 합니다. 하나님은 습관의 힘을 아시는 분입니다. 습관은 힘이 셉니다. 우리를 움직이는 핵입니다. 우리가 무의식중에 행동하는 모든 것의 뿌리에 습관이 있습니다. 습관은 결과를 낳습니다. 하나님은 습관의 중요성을 아십니다.

하나님은 나쁜 습관이 우리를 얼마나 나쁜 길로 몰아가는지 아십니다. 나쁜 습관은 우리 잠재력을 소멸시킵니다. 죄의 길에 들어서게 합니다. 반면에 하나님은 좋은 습관이 얼마나 우리를 복되게 하는지 아십니다. 좋은 습관은 우리 안에 있는 잠재력을 극대화시켜 줍니다. 우리 생명을 풍성하게 합니다. 아름다운 관계를 형성하도록 도와줍니다. 제임스 K. A. 스미스는 《습관이 영성이다》라는 책에서 제자도란 습관을 바로잡는 것임을 강조합니다.

> 당신이 사랑하는 바가 바로 당신이고 사랑이 습관이라면 제자도란 습관을 바로잡는 것이다. 제자도는 정보(information)의 습득의 문제라기보다는 재형성(reformation)의 문제라는 뜻이다.
> _ 제임스 K. A. 스미스, 《습관이 영성이다》, 비아토르, 39쪽

그는 사랑이 습관임을 강조하고, 잘못된 습관을 바로잡기 위해 모방과 실천의 중요성을 강조합니다. 그는 "습관이란 우리 성품의 일부가 된 습득된 '성향'이다"라고 말합니다. 또 우리 성향을 형성하는 습관은 실천과 반복을 통해 습득된다고 말합니다(제임스 K. A. 스

미스, 같은 책, 293쪽). 하나님은 좋은 습관 가운데 무엇보다 언어의 습관, 마음의 습관, 생각의 습관, 순종의 습관, 기도의 습관, 감사의 습관, 사랑의 습관을 형성하기 원하십니다. 하나님은 이런 습관들이 예수님을 닮은 성품과 행동을 만들어 내는 것을 아십니다. 그런 까닭에 하나님은 우리가 성경 암송과 묵상을 통해 거룩한 습관을 형성하길 원하십니다.

성경 암송을 지속하기 위해서는 자신을 움직일 수 있는 동기 부여가 필요합니다. 자신에게 동기 부여를 할 수 있는 사람은 대단한 사람입니다. 가장 움직이기 어려운 상대가 바로 자기 자신이기 때문입니다. 자신에게 동기 부여를 하려면 성경 암송의 목적을 알아야 합니다. 목적은 우리가 성경 암송을 왜 해야 하는지 가르쳐 줍니다.

어떤 일을 할 때 내면을 움직이는 원동력은 고귀한 목적입니다. 목적은 나침반과 같습니다. 방향을 제시해 줍니다. 목적은 기름과 같습니다. 열정을 고취시켜 줍니다. 불이 꺼지려고 할 때 다시금 불길이 타오르도록 도와주는 것이 목적입니다. 목적은 하고 있는 일을 지속할 수 있도록 자극해 줍니다. 그 일을 완수할 수 있도록 도와줍니다. 목적이 분명할 때 우리는 헌신합니다. 그 목적을 위해 대가를 지불합니다.

성경 암송을 해야 하는 이유를 뼈저리게 느낀 사람에게는 방법이 크게 문제 되지 않습니다. 성경 암송의 이유를 발견한 사람은 성경 암송의 방법도 스스로 찾아내기 때문입니다. 하지만 대부분의 사람은 성경 암송을 잘 지속하지 못합니다. 성경 암송을 지속하기 위해서는 그 목적을 분명히 알아야 합니다. 그리고 그 목적을 거듭 점검해야 합니다. 그때 우리는 지속적인 자극을 받아 성경 암송의 열매를 맺게 됩니다.

1장
성경 암송은 거룩한 습관이다

거룩한 습관의 능력

나쁜 습관을 버리는 길은 거룩한 습관을 형성하는 것입니다. 나쁜 습관은 쉽게 형성되지만 쉽게 떠나지 않습니다. 반면에 좋은 습관은 어렵게 형성되지만 그 습관을 유지하기 어렵습니다. 그래서 지속적인 훈련이 필요합니다. 우리는 좋은 습관의 중요성과 유익을 거듭 상기하면서 좋은 습관을 지속적으로 형성하도록 해야 합니다.

성경 암송은 좋은 습관일 뿐 아니라 거룩한 습관입니다. 거룩한 습관은 우리를 거룩하게 합니다. 거룩처럼 아름답고, 거룩처럼 유쾌하고, 거룩처럼 유익한 것은 없습니다. 거룩처럼 영광스럽고, 거룩처럼 정결한 것은 없습니다. 거룩한 습관은 영향력 있는 삶을 살도록 도와줍니다. 누가는 예수님의 생애를 기록하는 중에 예수님의 거룩한 습관 두 가지를 기록하고 있습니다.

첫째, 예수님은 습관을 따라 성경을 읽으셨습니다.

예수님은 구약성경을 읽으시는 중에 자신에 관한 모든 내용을 알고 계셨습니다. 예수님의 탄생과 사역과 죽으심과 부활과 승천에 관한 내용입니다. 그리고 그 말씀을 따라 사셨습니다.

> 예수께서 그 자라나신 곳 나사렛에 이르사 안식일에 늘 하시던 대로 회당에 들어가사 성경을 읽으려고 서시매 눅 4:16

누가는 예수님이 늘 하시던 대로 회당에 들어가사 성경을 읽으셨다고 기록합니다. "늘 하시던 대로"라는 말씀은 성경 읽는 습관을 의미합니다. 예수님의 성경 읽기는 성경 암송으로 연결되었습니다. 예수님은 성경 암송을 통해 마귀의 유혹을 물리치셨습니다. 또한 십자가를 지실 때 성경 암송을 통해 사명을 완수할 수 있었습니다.

둘째, 예수님은 습관을 따라 기도하셨습니다.

예수님은 새벽 미명에 기도하셨습니다. 때로는 밤을 세워 가며 기도하셨습니다. 홀로 기도하셨고 함께 기도하셨습니다. 제자들에게 기도하는 법을 가르쳐 주셨습니다. 예수님이 습관을 따라 기도하는 장소가 있었습니다.

> 예수께서 나가사 습관을 따라 감람산에 가시매 제자들도 따라갔더니 눅 22:39

예수님은 습관을 따라 감람산에 가서서 기도하셨습니다. 말씀과 기도는 밀접한 관련이 있습니다. 말씀 암송의 습관은 기도의 습관으로 연결될 수밖에 없습니다. 왜냐하면 진정한 기도는 말씀을 따라 드리는 기도이기 때문입니다. 그런데 왜 습관이 중요할까요? 한 사람의 탁월함은 그 사람의 습관에 따라 결정되기 때문입니다.

> 사람은 반복적으로 행하는 것에 따라 판명된 존재다.
> 따라서 우수성이란 단일 행동이 아니라 바로 습관이다.
> / 아리스토텔레스

좋은 습관은 좋은 결과를 만들어 내고, 나쁜 습관은 나쁜 결과를 만들어 냅니다. 나쁜 습관을 형성하고 좋은 결과를 기대하는 것은 어리석은 생각입니다. 장기적인 안목으로 보면 농작의 법칙에 따라 사는 것이 지혜롭습니다. 좋은 습관을 형성한 후에 당장 어떤 결과가 드러나지 않을 수 있지만 시간이 가면 좋은 습관의 진가를 맛보게 됩니다. 나쁜 습관도 마찬가지입니다. 단기적으로는 별로 나쁜 영향을 주지 않는 것 같지만 장기적으로 보면 반드시 나쁜 결과를 낳게 됩니다. 도스토예프스키는 습관의 능력에 대해 다음과 같이 표현했습니다.

> 습관이란 인간으로 하여금 어떤 일이든지 하게 만든다.
> / 도스토예프스키

그는 습관의 능력을 친히 경험한 사람입니다. 위대한 일을 성취한 사람들은 한결같이 습관의 중요성을 알았습니다. 또한 좋은 습관을 형성했던 사람들입니다. 그리스도인은 좋은 습관을 넘어 거룩한 습관을 형성해야 합니다.

말씀을 따라 살기로 작정해야 한다

거룩한 습관은 뜻을 정함으로 시작됩니다. 청년 다니엘이 세 친구와 함께 바벨론에 포로로 끌려갔습니다. 포로로 끌려간 다니엘은 뜻을 정하여 왕이 제공해 주는 음식과 포도주로 자신을 더럽히지 않기로 결심했습니다.

다니엘은 뜻을 정하여 왕의 음식과 그가 마시는 포도주로 자기를 더럽히지 아니하리라 하고 자기를 더럽히지 아니하도록 환관장에게 구하니 단 1:8

가장 강력한 동력은 외부가 아니라 내면에 있습니다. 거룩한 습관을 형성하기 위해서는 마음에서 솟구쳐 오르는 갈망이 있어야 합니다. 습관은 갈망에서 시작하여 반복적인 실천을 통해 형성됩니다. 다니엘은 우상에게 바친 고기와 왕이 제공해 주는 포도주로 자기를 더럽히지 않기로 결심했습니다. 오직 채식과 물만 먹기로 작정했습니다. 여기서 중요한 사실은 다니엘이 하나님의 말씀을 어릴

적부터 읽고 암기했다는 것입니다. 다니엘은 그가 암기한 말씀을
따라 살기로 작정한 것입니다.

포로로 끌려간 다니엘과 세 친구는 바벨론의 언어와 모든 학문
을 익혀야 했습니다. 하지만 그들을 움직였던 것은 어릴 적 그들의
마음에 새긴 하나님의 말씀이었습니다. 우리가 암송한 성경 말씀은
우리가 고난에 처할 때 가장 강력하게 역사합니다. 성경을 접할 수
도, 읽을 수도 없을 때는 우리는 기억의 창고에서 말씀을 꺼내어 그
말씀을 영의 양식으로 삼아야 합니다. 만일 기억의 창고에 저장해
둔 말씀이 없다면 상황에 끌려 살 수밖에 없습니다. 다니엘은 그의
기억의 창고에 담아 둔 말씀을 통해 뜻을 정할 수 있었습니다.

한 방향을 선택한다

뜻을 정하는 것, 즉 한 방향을 정한다는 것은 한 방향에 집중하는
것이고 다른 방향을 내려놓는 것을 의미합니다. 이것은 거룩한 습
관을 형성하는 원리와 일맥상통합니다. 하나의 거룩한 습관을 형성
하기 위해서는 먼저 한 가지 목표를 설정해야 합니다. 한 가지 습관
을 형성하는 일에 뜻을 정하고, 그 습관이 형성되기까지 집중하고
반복해야 합니다.

원칙을 정한다

원칙을 정한다는 것은 어떤 수칙(守則, rule)을 정하는 것을 의미합
니다. 수칙이란 어떤 행동이나 절차에 관해 지켜야 할 사항을 정한

규칙을 말합니다. 우리가 올바로 성장하기 위해서는 그런 성장을 할 수 있는 기반이 필요합니다. 좌로나 우로나 치우치지 않고 정로로 걸어갈 수 있는 수칙이 필요합니다. 켄 시게마츠는 그의 책《상황에 끌려다니지 않기로 했다》에서 수칙의 중요성을 다음과 같이 강조합니다.

> 사실 수칙이란 단어는 '격자 구조물'(trellis)을 의미하는 헬라어에서 비롯했다. 격자 구조물은 포도덩굴이 타고 올라가 열매를 맺을 수 있게 해주는 지지대. 포도덩굴이 좋은 열매를 맺으려면 올바른 방향으로 성장하도록 도와주는 격자 구조물이 필요하다. … 격자 구조물과 마찬가지로 생활 수칙은 올바른 방향으로 성장하는 것을 도와준다. 생활 수칙은 그리스도의 인격이라는 열매를 맺고 그분의 풍성하게 하는 생명을 다른 이에게 전해 줄 수 있도록 우리와 그분의 관계를 지탱해 준다.
> _ 켄 시게마츠, 《상황에 끌려다니지 않기로 했다》, 두란노, 29쪽

다니엘은 생활 수칙을 정함으로 상황에 끌려다니지 않을 수 있었습니다. 성경 암송의 습관은 원함으로 되는 것이 아니라 뜻을 정하고 결단함으로 형성할 수 있습니다. 뜻을 정한 후에는 행동으로 옮겨야 합니다. 다니엘과 세 친구는 뜻을 정하고, 그 뜻을 따라 살았습니다. 왕이 제공해 주는 고기와 포도주를 먹지 않고 채식과 물만 마셨습니다. 뜻을 정한 결과는 놀라웠습니다.

15 열흘 후에 그들의 얼굴이 더욱 아름답고 살이 더욱 윤택하여 왕의 음식을 먹는 다른 소년들보다 더 좋아 보인지라 16 그리하여 감독하는 자가 그들에게 지정된 음식과 마실 포도주를 제하고 채식을 주니라 단 1:15-16

다니엘이 뜻을 정한 이유는 자신을 더럽히지 않기 위해서였습니다. 그는 거룩을 추구했던 사람입니다. 그는 명예와 권세와 소유보다 거룩을 추구했습니다. 거룩의 힘은 대단합니다. 거룩한 사람은 담대합니다. 거룩한 사람은 두려움이 없습니다. 거룩한 사람은 지혜롭습니다. 다니엘의 지혜는 하나님을 경외하는 데 있었습니다. 하나님을 경외한 까닭에 그는 어느 누구도 두려워하지 않았습니다. 다니엘을 죽이기 위해 음모를 꾸미는 사람들이 그를 고발할 근거를 찾으려 했지만 찾을 수 없었습니다.

이에 총리들과 고관들이 국사에 대하여 다니엘을 고발할 근거를 찾고자 하였으나 아무 근거, 아무 허물도 찾지 못하였으니 이는 그가 충성되어 아무 그릇됨도 없고 아무 허물도 없음이었더라 단 6:4

그들이 찾아낸 것은 다니엘이 예루살렘으로 향하는 창문을 열어놓고 하나님께 무릎을 꿇고 기도하는 것이었습니다. 그래서 그들이 다니엘을 죽이기 위해 30일 동안 왕 외의 어떤 신에게나 사람에게 무엇을 구하면 사자 굴에 던져 넣는 법률을 제정한 것입니다(단 6:7).

다니엘은 왕이 조서에 도장을 찍어 금령을 낸 것을 알고도 전에 행하던 대로 창문을 열어 놓고 하나님께 기도했습니다. 다니엘이 정한 거룩한 수칙 때문에 잠시 위기에 처하지만 하나님은 그의 거룩한 습관을 통해 역전의 드라마를 펼치시는 것을 보게 됩니다. 거룩한 습관은 성스러운 결과를 창조합니다.

순종이 거룩한 습관이 된다

기도하는 사람마다 어떤 습관이 있습니다. 다니엘은 예루살렘으로 향한 창문을 열어 놓고 기도하는 습관이 있었습니다.

예루살렘으로 향한 창문을 열고 단6:10

왜 예루살렘을 향한 창문을 열고 기도했을까요? 하나님의 말씀의 약속 때문입니다. 다니엘은 이스라엘 민족이 범죄한 까닭에 먼 나라로 사로잡혀 갔을 때, 예루살렘 성전을 향하여 기도하면 도와주신다는 약속을 기억했습니다.

46 범죄하지 아니하는 사람이 없사오니 그들이 주께 범죄함으로 주께서 그들에게 진노하사 그들을 적국에게 넘기시매 적국이 그들을 사로잡아 원근을 막론하고 적국의 땅으로 끌어간 후에 47 그들이 사

로잡혀 간 땅에서 스스로 깨닫고 그 사로잡은 자의 땅에서 돌이켜 주
께 간구하기를 우리가 범죄하여 반역을 행하며 악을 지었나이다 하
며 48 자기를 사로잡아 간 적국의 땅에서 온 마음과 온 뜻으로 주께
돌아와서 주께서 그들의 조상들에게 주신 땅 곧 주께서 택하신 성읍
과 내가 주의 이름을 위하여 건축한 성전 있는 쪽을 향하여 주께 기
도하거든 49 주는 계신 곳 하늘에서 그들의 기도와 간구를 들으시고
그들의 일을 돌아보시오며 주께 범죄한 백성을 용서하시며 50 주께
범한 그 모든 허물을 사하시고 그들을 사로잡아 간 자 앞에서 그들로
불쌍히 여김을 얻게 하사 그 사람들로 그들을 불쌍히 여기게 하옵소
서 왕상 8:46-50

이 말씀은 솔로몬이 성전 봉헌시에 드렸던 기도문입니다. 다니엘
은 이 말씀을 기억한 까닭에 예루살렘으로 향한 창문을 열어 놓고
기도했습니다. 예루살렘으로 향한 창문은 예루살렘에 있는 성전을
향한 창문입니다. 성전에는 하나님의 임재가 있었습니다. 예루살렘
을 향한 창문은 하나님의 얼굴을 구하는 것을 의미합니다. 다니엘은
늘 말씀을 가까이했습니다. 또한 말씀에 순종하는 삶을 살았습니다.
말씀을 읽고 암송하고 묵상하는 이유는 순종하기 위해서입니다.
　말씀 묵상의 절정은 들음에 있습니다. 하나님의 음성에 청종하는
것입니다. 청종은 순종을 의미합니다. 하나님의 말씀은 순종을 통해
더욱 깊이 깨닫게 됩니다. 진리란 실천하기 전까지는 그 진가를 잘
알지 못합니다. 그런 까닭에 예수님은 말씀을 듣는 자가 지혜로운

자가 아니라 들은 말씀을 실천하는 자가 지혜롭다고 말씀하십니다.

그러므로 누구든지 나의 이 말을 듣고 행하는 자는 그 집을 반석 위에 지은 지혜로운 사람 같으리니 마 7:24

바울은 아담의 불순종과 예수님의 순종을 비교해서 복음을 전합니다.

한 사람이 순종하지 아니함으로 많은 사람이 죄인 된 것같이 한 사람이 순종하심으로 많은 사람이 의인이 되리라 롬 5:19

순종은 구속의 비결입니다. 예수님의 순종 없이는 우리의 구속도 없습니다. 예수님의 순종 때문에 우리는 칭의의 은혜를 받아 누리게 되었습니다. 순종은 사랑의 비결입니다. 하나님은 순종하는 사람을 사랑하십니다. 하나님을 사랑할수록 우리는 순종하게 됩니다. 또한 우리가 하나님께 순종할수록 하나님과 사람들의 사랑을 받게 됩니다.

나의 계명을 지키는 자라야 나를 사랑하는 자니 나를 사랑하는 자는 내 아버지께 사랑을 받을 것이요 나도 그를 사랑하여 그에게 나를 나타내리라 요 14:21

하나님의 복은 순종하는 사람에게 임합니다(신 28:1-14). 순종하는 사람에게 하나님의 복이 따라다닙니다. 하나님의 복은 하나님의 생명의 흐름입니다. 순종하는 사람에게 하나님의 생명이 흘러넘쳐 번영하게 됩니다.

순종은 평강을 누리는 비결입니다. 교만하고 불순종하는 마음에는 평강이 없습니다. 순종은 하나님의 말씀에 주의를 기울이는 것입니다. 하나님의 말씀에 청종하고 순종하는 사람의 마음에는 평강이 넘칩니다.

네가 나의 명령에 주의하였더라면 네 평강이 강과 같았겠고 네 공의가 바다 물결 같았을 것이며 사 48:18

반면에 불순종은 하나님의 말씀을 경시 여기는 것입니다. 불순종하게 되면 마음이 완고하고 완악해집니다. 마음이 딱딱해집니다. 하나님의 풍성한 생명이 스며들 수가 없습니다. 불순종할 때 악한 영이 역사합니다(엡 2:2).

순종하면 자족하게 됩니다. 순종할 때 하나님의 사랑을 느낍니다. 순종하는 마음은 온유한 마음입니다. 열린 마음입니다. 순종할 때 성령 충만을 경험하게 됩니다. 순종할 때 풍성한 삶으로 나아가는 추진력을 공급받게 됩니다. 순종이 거룩한 습관이 되게 하십시오. 작은 순종부터 실천하십시오. 그리함으로 사명을 완수하는 순종의 절정에 이르도록 하십시오.

깊고 끈질긴 기도가 습관이 된다

다니엘은 하루에 세 번씩 무릎 꿇고 기도했습니다. 기도는 그의 삶의 거룩한 습관이었습니다. 그는 청년의 때부터 기도의 사람이었습니다. 다니엘 2장을 보면 느부갓네살 왕이 꿈을 꾸었는데 그가 꾼 꿈이 생각나지 않았습니다. 그는 바벨론의 술사들에게 그의 꿈을 알아내고 그 꿈을 해석해 내라고 명을 내렸습니다. 만일 그의 꿈을 알아내어 해석하지 못하면 모두 죽이겠다는 왕명이 내려졌을 때 다니엘은 기도로 문제를 해결했습니다. 그는 자기 집으로 돌아가서 친구들에게 중보 기도를 부탁했습니다.

17 이에 다니엘이 자기 집으로 돌아가서 그 친구 하나냐와 미사엘과 아사랴에게 그 일을 알리고 18 하늘에 계신 하나님이 이 은밀한 일에 대하여 불쌍히 여기사 다니엘과 친구들이 바벨론의 다른 지혜자들과 함께 죽임을 당하지 않게 하시기를 그들로 하여금 구하게 하니라
단 2:17-18

다니엘은 친구들에게 중보 기도를 부탁하고 깊고 끈질긴 기도를 하나님께 드렸습니다. 하나님이 밤에 환상 중에 기도하는 다니엘에게 느부갓네살 왕이 꾼 꿈을 계시해 주셨습니다. 또한 그 뜻을 해석할 수 있도록 도와주셨습니다.

그의 젊은 날의 기도는 반복되고 지속되었습니다. 다니엘 6장에

서 그는 다시 한 번 위기를 맞이합니다. 그를 죽이려는 사람들이 그의 기도 생활을 빌미로 그를 사자 굴에 집어넣으려고 했습니다. 하지만 그는 전에 행하던 대로 자기 집에 들어가 윗방으로 올라갔습니다. 그는 예루살렘을 향한 창문을 열어 놓고 무릎을 꿇고 기도하며 하나님께 감사했습니다.

다니엘이 이 조서에 왕의 도장이 찍힌 것을 알고도 자기 집에 돌아가서는 윗방에 올라가 예루살렘으로 향한 창문을 열고 전에 하던 대로 하루 세 번씩 무릎을 꿇고 기도하며 그의 하나님께 감사하였더라

단 6:10

다니엘이 죽음을 두려워했다면 30일 동안만 기도를 쉴 수 있었을 것입니다. 집에 돌아가서 기도할 때 창문을 닫아 놓고 기도할 수 있었을 것입니다. 기도할 때 소리를 내지 않고 침묵 기도를 드릴 수도 있었을 것입니다. 하지만 그는 그렇게 하지 않았습니다. 그는 전에 행하던 대로 똑같은 모습으로 하나님께 기도드렸습니다. 그런 까닭에 그는 사자 굴에 던져졌습니다.

다니엘의 기도의 특징은 말씀을 붙잡고 드렸다는 것입니다. 그는 약속의 말씀을 알고 있었습니다. 또한 그 약속의 말씀을 암송했고 기도했던 것입니다. 가장 좋은 기도는 말씀을 따라 드리는 기도입니다.

다니엘 6장은 다니엘이 청년의 때가 아님을 알 수 있습니다. 벌

성경 암송과 거룩한 습관

써 왕들이 몇 번 바뀌었습니다. 느부갓네살 왕, 벨사살 왕에 이어 다리오가 왕이 되었습니다. 다니엘 6장 마지막에는 바사 사람 고레스 왕의 이름이 등장합니다. 다니엘 9장은 그가 포로로 끌려온 지 70년이 된 것을 알려 주는 말씀이 나옵니다.

2곧 그 통치 원년에 나 다니엘이 책을 통해 여호와께서 말씀으로 선지자 예레미야에게 알려 주신 그 연수를 깨달았나니 곧 예루살렘의 황폐함이 칠십 년만에 그치리라 하신 것이니라 3내가 금식하며 베옷을 입고 재를 덮어쓰고 주 하나님께 기도하며 간구하기를 결심하고
단 9:2-3

그의 기도는 청년의 때에 시작해서 바벨론에서 70년이 지나도록 지속되었습니다. 그것도 하루에 세 번씩 무릎을 꿇고 하나님께 감사의 기도를 드렸습니다. 거룩한 기도의 습관을 통해 그는 끈기 있는 기도를 드리게 됩니다. 그는 선지자 예레미야를 통해 전해 주신 말씀을 읽는 중에 바벨론 포로 생활 70년이 지나면 예루살렘이 회복될 것이라는 사실을 깨닫게 됩니다. 그는 예레미야를 통해 주신 하나님의 약속의 말씀을 붙잡고 기도를 했습니다.

다니엘 10장을 보면 그가 기도한 지 20일만에 기도 응답을 받게 됩니다(단 10:13). 평생 거룩한 기도의 습관이 그로 하여금 끈질긴 기도를 드리게 만들었습니다. 그 습관이 하나님의 응답을 받을 때까지 기도하게 만들었습니다.

성경 암송은 감사의 습관으로 연결된다

다니엘을 통해 배우는 습관의 클라이맥스는 하나님께 드리는 감사입니다(단 6:10). 감사는 그의 삶의 습관이었습니다. 감사가 습관이 된 까닭에 감사할 수 없는 상황에서도 감사한 것입니다.

감사란 받은 것을 받았다고 말하는 것입니다.
깊은 감사는 아직 받지 않은 것을 장차 받을 것으로 믿고
미리 감사하는 것입니다.
참된 감사는 조건과 환경을 넘어 하나님 때문에 감사하는 것입니다.
감사는 기적의 전주곡입니다. 감사하면 기적이 일어납니다.

예수님도 오병이어를 붙잡고 감사 기도를 드리셨고, 죽은 나사로의 무덤에서 감사하셨습니다.

예수께서 떡을 가져 축사하신 후에 앉아 있는 자들에게 나눠 주시고 물고기도 그렇게 그들의 원대로 주시니라 요 6:11

돌을 옮겨 놓으니 예수께서 눈을 들어 우러러 보시고 이르시되 아버지여 내 말을 들으신 것을 감사하나이다 요 11:41

감사하면 작은 것이 커지고, 작은 것이 많아집니다.

감사하면 죽은 것이 다시 살아납니다.

감사하면 다시 시작하는 은혜를 힘입게 됩니다.

참된 감사는 범사에 감사하는 것입니다.

다니엘에게 있어서 감사가 당장 효과가 있었던 것은 아닙니다. 감사했지만 그는 사자 굴에 던져졌습니다. 하지만 하나님은 사자 굴 속에 천사를 보내어 그를 보호해 주셨습니다. 감사는 벼랑 끝에서 기적을 경험하는 은총의 도구요, 기적의 언어입니다. 성경은 거듭 감사하라고 말씀합니다.

그 안에 뿌리를 박으며 세움을 받아 교훈을 받은 대로 믿음에 굳게 서서 감사함을 넘치게 하라 골 2:7

그리스도의 평강이 너희 마음을 주장하게 하라 너희는 평강을 위하여 한 몸으로 부르심을 받았나니 너희는 또한 감사하는 자가 되라 골 3:15

또 무엇을 하든지 말에나 일에나 다 주 예수의 이름으로 하고 그를 힘입어 하나님 아버지께 감사하라 골 3:17

감사하면 기적이 일어납니다. 감사는 감사를 낳습니다. 감사는 좋은 것을 불러옵니다. 감사는 궁극적으로 승리하도록 도와줍니다.

감사하면 관계가 좋아집니다. 감사하면 어려운 상황에서 감사할 조건을 찾아냅니다. 감사하면 하나님과 사람들에게 감동을 줍니다. 성경 암송을 하면 범사에 감사할 수 있게 됩니다.

감사는 하나님의 손에 우리 인생을 맡기는 것입니다.
감사하면 눈이 열립니다. 감사하면 깨닫게 됩니다.
감사하면 잃어버린 것보다 아직 남아 있는 것을 보게 됩니다.
감사하면 하나님을 바라보게 됩니다. 하나님의 섭리를 깨닫게
됩니다. 감사하면 과거가 새롭게 해석됩니다.

항상 하나님을 신뢰하는 습관으로 연결된다

하나님의 기도 응답은 골방에서 임한 것이 아니라 사자 굴에서 임했습니다. 하나님은 벼랑 끝에서 일하십니다. 모든 것이 끝났다고 생각할 때 하나님이 일하기 시작하십니다.

끝나기 전까지는 끝난 것이 아니다.
/ 요기 베라

다니엘은 하나님을 알았습니다. 하나님이 천지를 창조하시고, 왕을 세우기도 하시고 폐하기도 하심을 알았습니다. 그는 하나님이

왕 중의 왕이심을 알았습니다. 다리오 왕은 다니엘이 항상 하나님을 신뢰하는 것을 알았습니다.

> 이에 왕이 명령하매 다니엘을 끌어다가 사자 굴에 던져 넣는지라 왕이 다니엘에게 이르되 네가 항상 섬기는 너의 하나님이 너를 구원하시리라 하니라 단6:16

참된 믿음은 항상 하나님을 섬기고, 항상 하나님을 신뢰하고, 항상 하나님을 믿는 것입니다. 오직 의인은 믿음으로 말미암아 살 때 승리하게 됩니다. 하나님은 우리의 삶의 드라마를 쓰십니다. 연출가요 감독입니다. 역전의 드라마를 쓰시는 작가입니다. 작가에 따라 주인공의 운명이 결정됩니다. 작가가 원하면 위기 가운데서 살릴 수도 있고, 죽일 수도 있습니다. 하나님은 인생의 편집자입니다. 우리 인생을 하나님이 편집하시면 아름다운 작품이 됩니다.

성경 암송을 함께하는 공동체가 필요하다

다니엘에게는 세 명의 친구가 있었습니다. 예수님은 열두 제자를 키울 때 공동체 안에서 키우셨습니다. 바울은 그의 제자들과 더불어 성장하고, 함께 사역했습니다. 무엇을 하든지 서로 격려해 주고, 서로 점검해 주는 공동체가 필요합니다. 성경 암송도 마찬가지입니다.

성경 암송이 일회적이지 않고 지속적이며, 거룩한 습관을 형성하는 데 이르기 위해서는 공동체가 필요합니다. 성경 암송을 점검해 주는 영혼의 친구가 필요합니다. 성경 암송을 격려해 주는 공동체가 필요합니다. 혼자 하면 힘이 듭니다. 하지만 함께하면 힘이 덜 듭니다. 성경 암송을 하는 사람들은 경건과 거룩을 추구하는 사람들입니다.

또한 너는 청년의 정욕을 피하고 주를 깨끗한 마음으로 부르는 자들과 함께 의와 믿음과 사랑과 화평을 따르라 딤후 2:22

성경 암송을 하는 사람들은 영적 전쟁을 알고, 영적 전쟁을 위해 그들의 마음에 말씀을 새긴 사람들입니다. 영적 전쟁의 강력한 무기는 성경 암송입니다.

청년들아 내가 너희에게 쓴 것은 너희가 강하고 하나님의 말씀이 너희 안에 거하시며 너희가 흉악한 자를 이기었음이라 요일 2:14하

성경 암송을 통해 청년들의 마음 판에 말씀이 새겨지면 거룩한 삶을 살게 됩니다. 청년 다니엘의 마음에 새겨진 말씀이 그를 거룩한 삶으로 인도했습니다. 그를 형통하게 했습니다. 그를 승리하게 했습니다. 그로 하여금 기도의 사람, 감사의 사람, 항상 하나님을 신뢰하는 사람이 되게 했습니다. 무엇보다 하나님의 계시를 받아 장

차 오실 예수님과 하나님 나라에 대해 기록하고 선포했습니다. 수 많은 사람들을 복음의 길로 인도하는 사람이 되었습니다.

성경 암송의 습관은 우리 영혼에 남길 수 있는 성스러운 습관이며, 말씀이 우리 존재의 한 부분이 되어 우리를 인도하는 축복을 받게 만들어 줍니다. 우리는 거듭 본질로 돌아가야 합니다. 그 본질은 하나님의 말씀입니다. 말씀이 흥왕할 때 심령은 소생하고, 교회는 부흥하고, 민족은 열방을 향한 복의 통로가 됩니다. 성경 암송으로 다니엘처럼 승리하는 삶을 살기를 바랍니다.

암송을 위한 질문 ||||||||||||||||||||||||||||

☑ 나는 성경 암송을 습관화하고 있습니까?

☑ 성경 암송을 습관화하기 위해 나는 어떤 목표와 수칙을 정했습니까?

☑ 나는 말씀을 암송한 후 그 말씀대로 실천하며 살고 있습니까?

☑ 나에게 말씀을 붙잡고 기도하는 습관이 있습니까?

☑ 성경 암송을 하며 감사 기도를 드린 적이 있습니까?

☑ 말씀을 마음에 새기며 하나님께 순종하는 마음을 가지고 있습니까?

☑ 다니엘의 세 친구처럼 함께 성경 암송을 하며 격려하고 지지해 줄 영혼
의 친구가 있습니까?

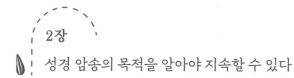

2장
성경 암송의 목적을 알아야 지속할 수 있다

하나님을 충만히 알기 위해서다

성경 암송을 지속하는 것은 한 번의 헌신으로 되지 않습니다. 거듭 헌신해야 합니다. 한 번의 결단으로 되지 않습니다. 매일 결단해야 합니다. 그러기 위해서는 성경 암송의 목적을 분명히 알아야 합니다. 성경 암송의 목적은 하나님이 기뻐하시는 사람이 되는 것입니다. 하나님이 기뻐하시는 사람이란 어떤 사람일까요? 하나님이 찾으시는 사람은 누구일까요? 성경 암송의 목적을 살펴보면 그 해답을 찾을 수 있습니다.

성경을 암송하는 첫 번째 목적은 하나님을 알기 위해서입니다. 성경의 가장 큰 맥은 하나님을 아는 것입니다. 예수님은 하나님을 아는 것이 영생이라고 말씀하셨습니다(요 17:3). 이렇듯 하나님을 아는 것은 성경의 가장 큰 주제이자 핵심입니다.

하나님은 온 세상이 하나님을 아는 지식으로 충만하기를 소원하십니다. 하나님의 소원을 담은 예언의 말씀이 이사야 11장 9절에 나타나 있습니다.

> 내 거룩한 산 모든 곳에서 해 됨도 없고 상함도 없을 것이니 이는 물이
> 바다를 덮음같이 여호와를 아는 지식이 세상에 충만할 것임이니라

하나님의 가장 큰 관심은 우리가 하나님을 아는 것입니다. 호세
아 6장 6절을 보면 "나는 인애를 원하고 제사를 원하지 아니하며 번
제보다 하나님을 아는 것을 원하노라"고 말씀합니다. 다윗은 시편
에서 "너희는 여호와의 선하심을 맛보아 알지어다 그에게 피하는
자는 복이 있도다"(시 34:8)라고 말했습니다.

하나님을 안다고 할 때는 단순히 머리로 아는 것을 말하지 않고
경험으로 아는 것을 말합니다. 우리가 하나님을 알 때, 하나님을 사
랑할 수 있습니다. 우리는 보지 못하는 사람은 사랑할 수 있지만 알
지 못하는 사람을 사랑하기란 전적으로 불가능합니다.

사랑하기 위해서는 어느 정도의 경험이 있어야 합니다. 누구를
안다는 것은 경험을 의미합니다. 토저는 "하나님을 아는 것이 그를
사랑하는 것이요, 그를 더 잘 아는 것이 그를 더 사랑하는 것이다"
라고 말했습니다. 여기서 우리는 하나님을 경험적으로 아는 것과
하나님을 사랑하는 것이 비례함을 알 수 있습니다.

세상의 문제는 조직이나 시스템의 문제가 아닙니다. 하나님을 알
지 못하는 것이 문제입니다. 하나님을 알지 못하기 때문에 세상에
죄악이 넘치는 것입니다. 하나님을 아는 지식으로 충만해야 할 세

상이 죄악으로 충만합니다(호 4:1-2).

하나님을 아는 지식이 없을 때 인간은 죄를 범하게 됩니다. 하나님을 아는 지식을 버릴 때 망하게 됩니다. 호세아는 "내 백성이 지식이 없으므로 망하는도다 네가 지식을 버렸으니 나도 너를 버려 내 제사장이 되지 못하게 할 것이요 네가 네 하나님의 율법을 잊었으니 나도 네 자녀들을 잊어버리리라"(호 4:6)고 말합니다.

그러므로 우리는 힘써 하나님을 알아야 합니다. 호세아 6장 3절의 말씀을 가슴에 새겨야 합니다.

그러므로 우리가 여호와를 알자 힘써 여호와를 알자 그의 나타나심은 새벽빛같이 일정하니 비와 같이, 땅을 적시는 늦은 비와 같이 우리에게 임하시리라 하니라

그렇다면 우리가 어떻게 하나님을 알 수 있을까요? 하나님을 안다는 것은 은혜의 영역입니다. 우리는 성령님이 계시해 주시는 만큼 하나님을 알 수 있습니다. 성령님은 어떻게 우리에게 하나님을 계시해 주실까요? 말씀을 통해서입니다. 말씀은 성령님이 사용하시는 은혜의 도구입니다.

성령님은 우리가 성경을 읽고 암송하고 묵상할 때 하나님을 알도록 도와주십니다. 따라서 성경을 암송하고 묵상할 때 "하나님은 어떤 분이시며, 무엇을 행하셨으며, 무엇을 행하고 계시며, 지금은 무엇을 하실 수 있는가?"라는 질문을 해야 합니다. 그리고 그 말씀을

통해 자신을 보여 주시는 하나님과 사랑의 교제 속으로 들어가야
합니다. 그것이 성경을 암송하는 가장 중요한 목적입니다.

예수님의 성품을 닮기 위해서다

성경 암송의 두 번째 목적은 영적 성숙에 있습니다. 예수님을 영
접한 사람들은 누구나 예수님의 제자로 부름받았습니다. 제자는 스
승을 닮아 가야 합니다. 예수님을 닮아 가면서 예수님의 충만한 분
량까지 성장하고 성숙하는 것이 제자의 길입니다. 제자는 예수님을
믿는 것을 넘어서 예수님을 알고, 아는 것을 넘어서 예수님을 사랑
해야 합니다. 예수님을 사랑하는 가운데 예수님의 장성한 분량까지
이르러야 합니다(엡 4:13-14).

제자는 훈련받는 사람입니다. 예수님의 제자가 된다는 것은 예
수님께 배우고 훈련받는다는 뜻입니다. 예수님의 가장 중요한 가르
침은 말씀이었습니다. 따라서 제자도의 핵심은 말씀 암송에서 시작
됩니다. 영성 훈련은 곧 말씀 훈련입니다. 말씀 훈련의 기초는 말씀
암송 훈련입니다.

예수님은 제자 훈련의 첫걸음을 성경 암송에 두셨습니다. 요한복
음 8장 31절을 보면 "그러므로 예수께서 자기를 믿은 유대인들에게
이르시되 너희가 내 말에 거하면 참으로 내 제자가 되고"라고 말씀
합니다. 예수님의 제자가 되려면 예수님의 말씀 안에 거해야 하고,

말씀 안에 거하기 위해서는 말씀을 암송해야 합니다.

말씀을 암송하고, 말씀 안에 거할 때 깊은 깨달음을 얻게 됩니다. 깨달음을 얻을 때 풍성한 열매를 맺게 됩니다. 마태복음 13장 23절은 "좋은 땅에 뿌려졌다는 것은 말씀을 듣고 깨닫는 자니 결실하여 어떤 것은 백 배, 어떤 것은 육십 배, 어떤 것은 삼십 배가 되느니라 하시더라"고 말씀합니다.

예수님이 말씀하신 열매는 성품의 열매와 사역의 열매입니다. 곧 예수님을 닮아 가는 열매를 의미합니다. 그러므로 예수님의 말씀 안에 거하는 데 뿌리가 되는 성경 암송은 예수님의 성품이라는 열매를 맺는 데 가장 근본을 이룹니다.

예수님을 닮아 가는 변화와 성숙은 내면에서 시작됩니다. 또한 생각에서 시작됩니다. 하워드 헨드릭스는 이렇게 말했습니다. "한 사람이 계속 변화하기를 원한다면, 그의 행동이 아닌 생각을 변화시켜라." 내면의 성품을 변화시키기 위해서는 생각과 마음을 변화시키는 성경 암송 훈련이 아주 중요합니다.

암송 훈련이 중요한 이유는 말씀을 마음에 새기는 훈련이기 때문입니다. 머리에서 암송을 시작할 수 있습니다. 그러나 암송의 목표는 말씀을 마음에 새기는 데 있습니다. 제자의 가장 중요한 변화는 머리의 변화가 아니라 마음의 변화입니다. 마음에 초점을 둔 훈련이 제자 훈련입니다. 성경 암송을 통해 말씀을 마음에 새길 때 마음으로부터 놀라운 변화가 일어납니다. 내적 혁명이 일어납니다.

예수님이 바리새인들을 책망하신 이유는, 그들이 외모는 가꾸었지만 마음은 가꾸지 않았기 때문입니다. 그래서 그들을 가리켜 회칠한 무덤이라고 말씀하셨습니다(마 23:27). 그들은 외식하는 사람들이었습니다. 말만 하고 행하지 않는 사람들이었습니다(마 23:3). 예수님은 그들의 내면을 변화시키라고 책망하셨습니다. 예수님은 "눈 먼 바리새인이여 너는 먼저 안을 깨끗이 하라 그리하면 겉도 깨끗하리라"(마 23:26)고 말씀하셨습니다.

성경 암송을 통해 우리 마음에 말씀을 새기면 우리 안은 깨끗해집니다. 그 말씀이 우리 존재에 스며들 때, 우리는 말씀이 육신이 되신 것과 같은 변화를 체험하게 됩니다. 말씀이 우리의 존재가 되고, 우리는 걸어 다니는 말씀이 되는 것입니다. 예수님의 장성한 분량에 이르도록 성숙한 그리스도의 제자가 되는 것입니다. 성경 암송을 통해 예수님의 형상을 닮아 가는 것은 성도가 누릴 수 있는 최상의 영광이요, 부르심인 것을 마음에 새기십시오(롬 8:29).

영과 진리로 예배드리기 위해서다

성경을 암송해야 하는 세 번째 목적은 참된 예배자가 되기 위해서입니다. 하나님을 예배하는 것은 우리가 존재하는 목적이요, 이유입니다. 우리가 존재하는 가장 중요한 목적은 하나님을 예배하고, 찬양하기 위해서입니다. 이사야 43장 21절은 "이 백성은 내가 나를 위하여 지었나니 나를 찬송하게 하려 함이니라"고 말씀합니다.

성경 암송과 거룩한 습관

하나님은 우리가 더 나은 예배자가 되기를 원하십니다. 성경의 역사는 예배의 역사입니다. 하나님은 예배를 잘 드리는 자를 귀히 여기셨습니다. 예배를 잘 드리는 사람에게 복을 주셨습니다. 그러나 잘못된 예배를 드린 사람은 징계하셨습니다.

하나님은 아벨의 제사를 받으시고, 가인의 제사는 거절하셨습니다. 그 이유는 가인이 참된 예배자가 아니었기 때문입니다. 하나님은 자기 이름을 드러내고, 자신들을 위해 바벨탑을 쌓던 사람들을 흩으셨습니다. 그리고 아브라함을 선택하셨습니다.

하나님은 아브라함을 믿음의 조상으로 택하셨습니다. 하나님이 아브라함을 택하신 이유는 아브라함이 참된 예배를 드릴 줄 아는 사람이었기 때문입니다. 아브라함은 단을 쌓을 때, 자신이 아니라 여호와를 위해 단을 쌓았고, 자신의 이름이 아니라 여호와의 이름을 불렀습니다. 참된 예배란 하나님을 위해 단을 쌓고, 하나님의 이름을 부르는 것입니다(창 12:7-8).

하나님이 사울 왕을 폐하신 이유는 그가 자기 자신을 위해 성급하게 제사를 드렸기 때문입니다. 그러나 사울의 뒤를 이은 다윗 왕은 하나님을 위해 예배를 드렸고, 예배를 위해 대가를 지불할 줄 알았던 사람입니다(삼하 24:24). 그는 하나님 앞에서 어린아이처럼 춤추는 예배자로 살았습니다.

우리가 하는 모든 일은 예배와 연결되어 있습니다. 하나님은 헌신된 일꾼을 귀히 여기십니다. 그러나 우리는 헌신된 일꾼이 되기 전에 먼저 참된 예배자가 되어야 합니다. 참된 예배 없이는 진정으로 헌신된 일꾼이 될 수 없기 때문입니다. 주님 앞에서 예배를 잘 드렸던 마리아는 나중에 주님을 위해 옥합을 깨뜨리는 헌신을 했습니다. 헌신의 능력은 예배에서 나옵니다. 그렇기 때문에 우리는 하나님이 기뻐하시는 예배자가 되어야 합니다. 우리는 예배를 통해 하나님을 영화롭게 해야 합니다.

하나님은 참된 예배자를 찾으십니다. 예수님은 "아버지께 참되게 예배하는 자들은 영과 진리로 예배할 때가 오나니 곧 이때라 아버지께서는 자기에게 이렇게 예배하는 자들을 찾으시느니라 하나님은 영이시니 예배하는 자가 영과 진리로 예배할지니라"(요 4:23-24)고 말씀하셨습니다.

참된 예배자란 영과 진리로 예배하는 사람입니다. 영으로 예배한다는 것은 성령님 안에서 예배함을 뜻합니다. 진리로 예배한다는 것은 말씀을 따라 예배드린다는 뜻입니다. 아론의 두 아들은 하나님이 말씀하신 방식을 따라 예배하지 않았기 때문에 죽임을 당했습니다(레 10:1-2).

하나님께 예배하는 자는 하나님이 명하신 말씀을 따라 예배드려야 합니다. 그때 참된 예배자가 될 수 있습니다. 우리는 모든 일에 있어 "기록된 말씀" 밖으로 넘어가서는 안 됩니다(고전 4:6). 우리는 진리 안에서 예배해야 합니다. 우리가 성경을 배우고 암송하는 이유가 바로 여기에 있습니다. 성경을 바로 알 때 우리는 하나님을 영과 진리로 예배할 수 있습니다. 우리가 성령님과 말씀에 사로잡히기 위해서는 성경을 암송해야 합니다.

말씀을 전하는 일꾼이 되기 위해서다

성경 암송을 해야 하는 네 번째 목적은 하나님이 맡기신 사명을 완수하기 위해서입니다. 예수님은 하나님이 맡기신 일을 이루시어 하나님을 영화롭게 하셨습니다(요 17:4). 예수님은 하나님의 뜻을 이루는 것을 양식처럼 생각하셨습니다(요 4:34). 예수님이 이 땅에 오신 목적은 아버지의 뜻을 이루시기 위해서였습니다(요 6:38-40).

예수님은 아버지의 뜻을 이루시기 위해 성경을 연구하셨습니다. 예수님은 구약성경에 기록된 메시아, 즉 자신에 관한 예언을 아셨습니다. 예수님은 자신에 대해 예언한 이사야의 글을 읽으심으로써 공생애를 시작하셨습니다(눅 4:16-21).

예수님은 구약에 예언된 말씀을 이루시기 위해 철저하게 자신을 헌신하셨습니다. 십자가에서 돌아가실 때에도 구약의 말씀을 암송하셨습니다. 마태복음 27장 46절을 보면 "제구시쯤에 예수께서 크게 소리 질러 이르시되 엘리 엘리 라마 사박다니 하시니 이는 곧 나의 하나님, 나의 하나님, 어찌하여 나를 버리셨나이까 하는 뜻이라"고 말씀합니다.

예수님이 십자가 위에서 절규하신 이 말씀은 시편 22편 1절 말씀입니다.

내 하나님이여 내 하나님이여 어찌 나를 버리셨나이까 어찌 나를 멀리하여 돕지 아니하시오며 내 신음 소리를 듣지 아니하시나이까 예수님이 십자가에서 마지막 숨을 거두실 때 남기신 말씀도 시편을 암송하신 것입니다. 누가복음 23장 46절을 보면 "예수께서 큰 소리로 불러 이르시되 아버지 내 영혼을 아버지 손에 부탁하나이다 하고 이 말씀을 하신 후 숨지시니라"는 말씀이 나옵니다. 이 가운데 "아버지 내 영혼을 아버지 손에 부탁하나이다"라는 말씀은 시편 31편 5절의 "내가 나의 영을 주의 손에 부탁하나이다"를 암송하신 것입니다.

어떻게 예수님은 가장 절박한 죽음의 순간에 시편 말씀으로 자신의 심정을 드러내셨을까요? 그 뿌리는 성경 암송에 있습니다. 예수님이 암송하신 말씀이 절박한 순간에 그분 자신의 존재가 되어 나온 것입니다. 예수님은 말씀대로 태어나셨고, 말씀이신 예수님은 육신이 되셨습니다(요 1:14).

예수님은 말씀을 암송하셨고, 말씀에 통달하셨습니다. 예수님의 존재 속에 말씀이 충만했고, 예수님은 말씀으로 성장하셨습니다. 말씀을 따라 사셨고, 말씀을 외치시며 십자가에서 돌아가셨습니다. 말씀을 이루심으로 하나님의 과업을 성취하셨습니다.

예수님은 제자들에게 '세계 복음화'라는 과업을 맡기셨습니다(마 28:19-20). 그 과업을 완수하기 위해 제자들은 예수님의 말씀을 암송했습니다. 모든 족속에게 예수님이 명하신 모든 것을 가르치기 위해서 그들은 말씀을 마음에 새겼습니다.

예수님의 제자들은 지금처럼 성경을 가지고 다닐 수 있는 형편이 아니었습니다. 그래서 그들은 전수해야 할 주님의 말씀을 암송했습니다. 그 암송한 말씀을 다른 제자들에게 가르쳤습니다. 나중에 제자들은 그들이 암송했던 예수님의 말씀을 사복음서에 기록했습니다. 결국 세계 복음화 과업의 뿌리는 성경 암송에 있었던 것입니다.

제자들이 세상을 떠난 지금, 세계 복음화 과업은 우리에게 맡겨졌습니다. 이 일을 위해 우리는 예수님의 말씀을 알고, 암송하고, 가르쳐야 합니다. 우리는 예수님의 말씀을 전수하는 일꾼입니다. 부끄러울 것이 없는 일꾼이 되기 위해 말씀을 암송해야 합니다. 바울은 이렇게 말합니다.

너는 진리의 말씀을 옳게 분별하며 부끄러울 것이 없는 일꾼으로 인정된 자로 자신을 하나님 앞에 드리기를 힘쓰라 딤후 2:15

말씀을 잘 분별하기 위해서는 말씀을 많이 알고 있어야 합니다. 또한 그 말씀이 우리 생각 속에서 자유롭게 활동할 수 있도록 성경을 많이 암송해야 합니다. 분별력이란 말씀을 비교, 분석, 연결, 종합, 그리고 결론을 내리는 과정에서 주어지기 때문입니다.

또한 우리는 때를 따라 양식을 나누어 주는 지혜롭고 충성된 일꾼이 되어야 합니다(마 24:45-46). 하나님은 이스라엘 민족에게 때를 따라 양식을 먹이셨습니다. 애굽에서는 애굽의 양식을, 광야에서는 만나와 메추라기를, 가나안 땅에서는 가나안의 소산물을 먹이셨습니다. 물론 모든 양식은 하나님에게서 왔습니다. 그러나 하나님은 시대마다 그 시대에 적절한 양식을 주셨습니다.

때를 따라 양식을 나누어 주기 위해 우리는 시대를 분별할 줄 알아야 합니다. 주님의 말씀에 시대의 옷을 잘 입혀서 전파해야 합니다. 하나님의 말씀은 결코 변하지 않습니다. 그러나 말씀을 전하는 방법은 얼마든지 변할 수 있습니다. 이를 위해서 우리는 변하지 않는 진리의 말씀을 암송해 마음에 새겨야 합니다. 그리고 그 말씀을 묵상하는 가운데 지혜를 얻어야 합니다. 그 지혜를 통해 불변의 말씀을 변화하는 시대에 맞게 옷 입혀 전할 줄 알아야 합니다.

성경 암송을 통해 하나님을 알고 사랑하는 하나님의 사람이 되십시오. 예수님을 닮은 인격으로 성숙한 하나님의 사람이 되십시오. 영과 진리로 예배하는 하나님의 사람이 되십시오. 그리고 성경 암송으로 하나님이 맡기신 과업을 성취하는 하나님의 사람이 되길 바랍니다.

성경 암송과 거룩한 습관

암송을 위한 질문 ||||||||||||||||||||||||||||||||||||||

☑ 지금까지 성경을 암송하려는 목적이 무엇이었습니까?

☑ 나는 하나님을 힘써 알기 위해 어떤 노력을 하고 있습니까?

☑ 내 삶에서 예수님을 닮아 가고 있는 열매가 있습니까?

☑ 나는 영과 진리로 예배하고 있습니까? 참된 예배를 예배드리기 위해 무엇부터 변화되어야 할까요?

☑ 나는 하나님이 맡기신 사명을 완수하기 위해 성경을 얼마나 암송하고 있습니까?

2부

성경 암송의 유익

고난의 순간에
분별하고 승리하라

성경 암송의 유익을 알면 열정에 불이 붙는다

성경 암송을 잘하기 위해서는 성경 암송의 목적과 함께 그 유익과 축복을 알아야 합니다. 우리는 고상한 목적으로 어떤 일을 하기 원합니다. 그러나 고상한 목적과 함께 자신이 하는 일의 유익을 생각하지 않을 수 없습니다. 인간은 자신에게 유익이 되는 일에 관심을 갖기 마련입니다. 유익이 많을수록 하는 일에 자극을 받습니다. 열심을 가지고 그 일을 하게 됩니다.

하나님의 사람 다윗도 예외는 아니었습니다. 저는 다윗의 생애를 묵상하면서 그가 골리앗 장군을 쓰러뜨리게 된 이유 중에 상을 받기 위함도 있었다는 것을 알았습니다. 사무엘상 17장 26절을 보면 이렇게 나와 있습니다.

다윗이 곁에 서 있는 사람들에게 말하여 이르되 이 블레셋 사람을 죽여 이스라엘의 치욕을 제거하는 사람에게는 어떠한 대우를 하겠느냐 이 할례 받지 않은 블레셋 사람이 누구이기에 살아 계시는 하나님의 군대를 모욕하겠느냐

다윗은 "블레셋 사람, 골리앗을 죽이면 어떤 대우를 받을 수 있느냐?"고 묻고 있습니다. 동시에 그는 하나님의 군대를 모욕한 골리앗을 향해 의분을 일으키고 있습니다. 여기서 다윗의 마음속에 두 가

지가 함께 움직이는 것을 보게 됩니다. 다윗은 하나님을 위해 골리앗과 싸운다는 고상한 목적과 그 일을 이루고 나서 자신이 누리게 될 유익을 함께 생각하고 있습니다.

고상한 목적과 유익이 함께 만날 때 우리가 하는 일은 뜨거운 열정으로 불타게 됩니다. 열정에 불을 붙여 주는 기름이 바로 고상한 목적과 누리게 될 복입니다. 어떤 일은 당장에는 유익이 되지 않지만 두고두고 유익이 되는 일이 있습니다. 우리는 그런 일에 관심을 가져야 합니다.

교육이 그렇습니다. 교육이란 미래를 위해 투자하는 것입니다. 자기를 개발하는 훈련도 마찬가지입니다. 자기 개발에 투자하는 일은 정말 소중합니다. 왜냐하면 자기 개발을 통해서 우리는 하나님의 일을 더욱 잘할 수 있고, 풍성한 삶도 누릴 수 있기 때문입니다.

저는 예수님을 저의 구주로 영접했던 고등학교 1학년 때 시작한 성경 암송을 지금도 계속하고 있습니다. 매일 기초를 다지는 성경 암송을 하면서 놀라운 복을 받았습니다. 그렇다면 성경 암송을 통해 누릴 수 있는 유익과 축복은 무엇일까요?

3장
성경 암송은 영성의 뿌리다

미래를 위한 풍성한 씨를 소유할 수 있다

성경 암송은 우리를 깊은 묵상의 세계로 인도해서 풍성한 열매를 맺게 해줍니다. 깊은 묵상은 성경 암송에서 비롯됩니다. 암송한 말씀을 깊이 묵상할 때 풍성한 열매를 맺을 수 있습니다. 말씀을 묵상하려면 우리 내면에 말씀이 있어야 합니다. 성경 암송이란 우리 내면에 말씀을 담는 행위입니다. 말씀을 생각에 심고, 마음에 심으려면 성경을 읽고 암송해야 합니다.

'묵상'은 '반추'(反芻)라는 말에서 나왔습니다. 소가 풀을 먹은 다음에 꺼내어 다시 씹어 먹는 반복 행위를 반추라고 합니다. 말씀 묵상을 하려면 소가 풀을 먹는 것처럼 먼저 말씀을 먹어야 합니다. 말씀을 우리 내면에 담아야 합니다. 그리고 그 말씀을 꺼내어 반추하는 과정을 거칠 때 말씀을 소화할 수 있습니다.

음식을 먹는 것보다 음식을 소화하는 것이 더 중요합니다. 음식 자체가 힘이 되는 것이 아닙니다. 음식은 소화되어야 우리 안에서 능력이 됩니다. 에너지가 됩니다. 기운이 되고 생명이 됩니다. 소화된 음식이 피를 만들어 내고, 피가 곧 생명을 유지해 주는 것입니다. 말씀 암송은 음식을 먹는 것과 같고, 말씀 묵상은 말씀을 소화하는 것과 같습니다. 따라서 우리가 성경 암송을 많이 할수록 깊은 묵상을 할 수 있는 가능성이 높습니다.

예수님은 하나님의 말씀을 씨에 비유하셨습니다(눅 8:11). 말씀은 작은 씨처럼 역사합니다. 씨앗은 가능성으로 충만합니다. 잠재력으로 충만합니다. 생명으로 충만합니다. 씨앗 속에는 풍성한 미래가 담겨 있습니다. 작은 사과 씨앗 속에는 수천 그루의 사과나무가 담겨 있습니다. 작은 호박 씨앗 속에 담긴 수천 개의 호박을 생각해 보십시오. 아니, 호박 하나 속에 담긴 수많은 씨앗을 생각해 보십시오. 생명의 신비는 씨앗 속에 담겨 있습니다.

씨앗의 비밀을 아는 사람은 씨앗을 소중히 여깁니다. 씨앗을 생명처럼 여깁니다. 씨앗을 소유한 사람은 미래를 소유한 사람입니다. 말씀을 암송한다는 것은 미래를 위해 충만한 씨를 소유하는 것과 같습니다. 하나님의 사람의 부요는 말씀의 부요함에 있습니다. 그 내면에 얼마나 많은 말씀을 소유하고 있느냐가 하나님의 사람의 영적 부요를 결정합니다.

말씀으로 양을 먹이는 목자는 그가 소유한 말씀이 풍성할 때 진정으로 풍성하다 말할 수 있습니다. 양은 말씀을 풍성하게 소유한 목자 곁에 있을 때 행복합니다. 얼마나 많은 양을 먹일 수 있으며, 양들을 얼마나 건강하게 양육할 수 있느냐는 목자가 말씀을 얼마나 풍성하게 소유하고 있느냐에 따라 결정됩니다. 그렇기 때문에 목자는 무엇보다도 말씀으로 충만해야 합니다.

말씀으로 충만해지는 길은 말씀의 씨를 많이 소유하는 것입니다. 말씀의 씨를 소유하는 것이 성경 암송입니다. 성경 암송은 씨앗을 우리의 마음 밭에 심는 것과 같습니다. 농부는 심은 것을 거둡니다. 심은 종류대로 거둡니다. 심지 않은 것은 거둘 수 없습니다. 또한 심은 것보다 많이 거두게 마련입니다. 그것이 농작의 법칙입니다. 하나님의 사람의 미래는 그 마음 밭에 말씀의 씨앗을 얼마나 많이 심느냐에 따라 결정됩니다. 많이 심을수록 많이 거두게 되어 있습니다.

농부는 씨앗을 심고 가꾼 후에 우리에게 열매를 줍니다. 씨앗을 심고 열매를 맺는 과정이 깊은 묵상입니다. 소는 풀을 먹은 후에 사람들에게 젖을 줍니다. 풀이 젖이 되는 과정이 깊은 묵상입니다. 하나님의 사람들은 소가 풀을 먹는 것같이 성경 말씀을 암송하고, 소가 반추하듯이 깊은 묵상을 통해 젖을 만들어야 합니다. 그때 말씀은 신령한 젖이 됩니다(벧전 2:2). 딱딱한 씨와 같은 말씀이 깊은 묵상을 통해 풍성한 열매가 되고, 순전한 젖이 되는 것입니다. 풍성한 열매와 신령한 젖을 주는 묵상의 시작이 바로 성경 암송임을 기억하십시오.

말씀의 꿀맛을 경험하게 된다

성경 암송을 꾸준히 하면 말씀의 꿀맛을 경험할 수 있습니다. 다윗은 하나님의 말씀을 사모했습니다. 시편 119편 131절을 보면 "내가 주의 계명들을 사모하므로 내가 입을 열고 헐떡였나이다"라고 고백합니다. 다윗이 입을 열고 헐떡일 정도로 말씀을 사모했던 것은 말씀의 맛을 알았기 때문입니다.

어린아이가 엄마 젖을 먹기 위해 입을 열고 헐떡이는 모습을 본 적이 있을 것입니다. 어린 새들이 어미 새가 가져다주는 먹이를 받아먹기 위해 입을 열고 소리를 지르는 모습을 본 적이 있을 것입니다. 음식의 맛을 알고 식욕이 강렬해지면, 음식을 사모하게 됩니다.

말씀의 맛을 아는 사람은 말씀을 강렬하게 사모합니다. 다윗은 하나님의 말씀이 꿀보다 더 달다고 고백했습니다.

9 여호와를 경외하는 도는 정결하여 영원까지 이르고 여호와의 법도 진실하여 다 의로우니 10 금 곧 많은 순금보다 더 사모할 것이며 꿀과 송이꿀보다 더 달도다 시 19:9-10

주의 말씀의 맛이 내게 어찌 그리 단지요 내 입에 꿀보다 더 다니이다 시 119:103

저는 성경 암송을 통해 말씀의 꿀맛을 경험했습니다. 성경 암송을 처음 시작할 때는 무척 힘들었습니다. 말씀의 맛을 알지도 못했습니다. 그러나 계속해서 말씀을 암송하는 중에 그 맛을 경험하게 되었습니다. 성경을 암송한 후에 그 말씀을 깊이 묵상하면서 말씀의 깊은 세계를 맛보기 시작했습니다. 깨달음과 함께 진리의 세계가 열리면서 이 세상이 줄 수 없는 기쁨과 즐거움을 누리게 되었습니다. 우둔함이 점점 사라지고, 말씀을 묵상하고 설교 말씀을 듣는 것이 제게 고상한 낙이 되었습니다. 다윗은 "주의 말씀을 열면 빛이 비치어 우둔한 사람들을 깨닫게 하나이다"(시 119:130)라고 고백했는데 어느덧 저도 다윗처럼 고백하게 되었습니다.

고기도 먹어 본 사람이 잘 먹는 것처럼, 말씀 역시 많이 암송하고 묵상할수록 더욱 잘 먹을 수 있습니다. 말씀 맛은 어느 경지에 오르면 더욱 맛이 있습니다. 갈비탕이나 곰탕도 오래 끓인 국물에서 제 맛이 납니다. 그와 같이 성경 암송으로 하나님의 말씀을 오래도록 마음속에서 묵상하면 진국처럼 제 맛이 납니다. 또한 오래 씹을수록 음식 맛을 더 잘 느끼게 되듯이 성경 암송을 함으로써 더욱 진한 은혜를 경험할 수 있습니다.

성경 암송을 통해 누리는 복은 말씀의 맛을 경험할 뿐만 아니라 하나님의 선하심까지 맛보아 알게 된다는 데 있습니다(시 34:8).

성경 암송을 통해 말씀이 마음에 가득 찬 사람은 설교를 들을 때 더욱 큰 은혜를 경험합니다. 말씀에 관한 지식이 증가하면 말씀에 대한 흥미도 증가합니다. 그리고 더욱더 깊이 알고 싶어집니다. 똑같은 설교를 한자리에서 듣는다 할지라도, 말씀을 많이 암송하고 있는 사람과 그렇지 못한 사람 사이에는 큰 차이가 있습니다.

우리는 설교를 듣고 은혜 받았다고 고백하곤 합니다. 언제 그런 고백을 하게 됩니까? 보통 우리가 은혜 받았다고 말할 때는 알고 있는 것을 확인할 때입니다. 말씀을 알긴 했지만 미처 깨닫지 못했던 것을 깨닫게 될 때 은혜 받았다고 말합니다.

우리는 설교자가 우리가 알고 있는 진리에 대해 분명한 체계를 잡아 주거나, 고민하던 문제에 대한 해답을 제시해 줄 때 은혜를 받습니다. 또한 설교를 통해 새롭게 기억하고 싶은 진리를 성령님이 생각나게 해주실 때 은혜를 받습니다. 성경 암송은 설교자가 전하는 말씀을 잘 깨닫도록 우리의 영적 감각을 개발시켜 주는 은총의 도구입니다.

성경 암송을 통해 깊은 깨달음의 낙을 누리십시오. 하나님의 말씀은 꿀, 곧 송이꿀보다 더 맛있습니다.

성경 통달의 기초를 쌓게 된다

하나님의 사람은 성경 말씀에 통달해야 합니다. 성경 말씀에 통달하기 위해서는 하나님의 말씀을 암송해야 합니다. 하나님의 말씀을 맡은 자는 성경 전체에 통달하고, 사람들에게 때를 따라 적절히 말씀을 나누어 줄 수 있어야 합니다. 사람들은 하나님의 말씀에 정통하고 통달한 성경 교사와 영적 안내자를 존경하고 따르기 때문입니다. 그렇다면 성경 통달이란 무엇을 의미하는 것일까요?

성경 통달이란 성경 전체를 연결시키는 능력입니다. 성경의 짝을 찾아 연결시키고, 성경의 금맥을 찾아 주제별로 연결시키는 것입니다. 성경의 맥을 잡고 흐름을 발견하는 작업이 성경 통달입니다. 엄밀한 의미에서 성경은 쪼개는 것이 아니라 연결시키는 것입니다. 연결할 때 기적이 나타나고, 관련 지을 때 살아 있는 능력의 말씀으로 우리에게 부딪쳐 옵니다.

깨달음이란 성경 전체가 하나로 연결됨을 경험하는 것입니다. 깨달음을 얻는 순간에, 우리는 부분적으로 또 산발적으로 알았던 진리가 실에 구슬 꿰이듯이 하나로 연결되는 것을 경험할 수 있습니다. 성경을 관통하는 것을 경험하게 되는 것입니다.

사도행전에 나오는 스데반의 설교는 성경을 통달한 설교의 모델입니다. 스데반은 평신도였지만 성경에 통달했습니다. 그는 구약의 핵심이 되는 말씀을 다 암송하고 있었습니다. 스데반은 성경의 맥을 알았고 흐름을 알았습니다. 스데반은 그가 암송한 말씀을 가지고 그리스도를 중심으로 한 구속의 역사를 증거했습니다. 스데반은 바울의 생애에 가장 큰 영향을 주었습니다. 바울에게 끼친 영향력 가운데 하나가 바로 그리스도를 중심으로 성경을 연결시키는 성경 통달의 원리였습니다.

성경 통달은 성경의 주제인 예수님을 중심으로 성경 전체를 연결시키는 것입니다. 성경은 예수님을 증거하고 있습니다. 예수님은 "너희가 성경에서 영생을 얻는 줄 생각하고 성경을 연구하거니와

이 성경이 곧 내게 대하여 증언하는 것이니라"(요 5:39)고 말씀하셨습니다. 성경에 통달한 사람은 모든 성경 말씀 속에서 예수님을 보는 사람입니다. 모든 생각을 사로잡아 그리스도에게 복종하게 하는 사람입니다(고후 10:5).

성경 통달이란 하나님의 비밀을 깨닫는 것입니다. 하나님의 비밀은 그리스도입니다(골 1:27). 복음입니다(엡 6:19). 하나님의 나라입니다. 예수님은 하나님 나라에 대하여 말씀하실 때 비유를 사용하셨습니다. 그 이유는 창세부터 감추인 것들을 드러내시기 위해서였습니다(마 13:34-35). 하나님의 비밀은 교회입니다(엡 5:32).

성경 통달이란 성경의 점진적인 계시를 깨닫는 것입니다(히 1:1-2). 구약의 말씀이 신약에 어떻게 점진적으로 계시되는가를 이해하는 것입니다. 또한 성경 통달이란 구약에서 신약을, 신약에서 구약을, 전체에서 부분을, 부분에서 전체를 연결시키는 것입니다.

예수님은 성경에 통달하셨습니다. 예수님이 성경 통달을 하실 수 있었던 뿌리는 성경 암송에 있었습니다. 예수님은 구약의 말씀에 통달하셨고, 그것을 구속사적으로 연결시키셨습니다.

성경 통달이란 하루아침에 완성되지 않습니다. 지식적으로 성경을 많이 안다고 해서 되는 것도 아닙니다. 성령님의 기름 부으심이 있어야 하고, 깨닫게 하시는 하나님의 은혜가 있어야 합니다. 그러나 그런 은혜는 성경 암송을 위해 대가를 지불한 사람에게 주어진다는 것을 가슴에 새기십시오. 성경 통달은 하나님의 사람의 목표입니다. 그 목표에 이르는 길이 바로 성경 암송입니다.

성경적 가치관을 형성할 수 있다

한 사람의 인격은 그의 가치관에 따라 평가될 수 있습니다. 가치란 우리가 가장 소중하게 여기는 것입니다. 가장 사랑하는 것입니다. 우리의 가치는 우리가 어떤 가치를 소유하고 있다고 말하는 데서 결정되지 않습니다. 우리의 가치는 우리가 가장 많이 생각하고, 가장 즐거워하고, 가장 많은 시간을 투자하는 것으로 결정됩니다.

우리는 스스로 정직하게 점검할 수 있습니다. 한 주간을 돌아보며 무슨 생각을 가장 많이 했고, 무슨 책을 읽었으며, 무엇을 즐거워했는지 점검해 보십시오. 누구와 시간을 가장 많이 보냈으며, 어디에 물질을 가장 많이 투자했는지 생각해 보십시오.

원리는 변하지 않지만 가치는 변할 수 있습니다. 교육학자들은 사람이 가치관을 형성하는 데는 어린 시절이 가장 중요하다고 합니다. 특히 모태에서 다섯 살까지가 중요하다고 합니다. 여기서 우리는 자녀 교육의 중요성을 절실히 깨달을 수 있습니다. 일찍 손을 쓰지 않으면 자녀들은 세상적 가치관 속에서 살게 됩니다. 어려서부터 성경적 가치관을 심어 주는 것이 자녀에게 가장 고상한 선물을 주는 것입니다.

자녀에게 성경 암송을 가르치면, 일평생 그들에게 복이 됩니다. 부모는 성경 암송을 가르칠 뿐 아니라 먼저 모범을 보여야 합니다. 가치란 모범을 통해 전수됩니다. 성경 암송을 통해 하나님의 말씀에 가치를 두고 말씀을 사랑하고 즐거워하는 것을 보여 줄 때, 자녀들은 말씀을 존귀히 여기게 됩니다. 말씀을 주신 하나님을 경외하게 됩니다. 말씀이 그들의 가치관을 형성하고, 그들의 안내자가 될 수 있습니다.

성경 암송은 자녀들의 영혼 깊은 곳에 성경적 가치관을 심어 줍니다. 유대인의 자녀 교육은 그런 면에서 훌륭합니다. 그들은 자녀들에게 일찍부터 성경 말씀을 가르치고, 하나님을 사랑하는 신앙을 그 마음에 새겨 주었습니다.

> 마땅히 행할 길을 아이에게 가르치라 그리하면 늙어도 그것을 떠나지 아니하리라 잠 22:6

우리 민족은 고난의 민족입니다. 그래서인지 성공, 형통, 성장, 성취 그리고 축복에 관심이 많습니다. 그러한 것들이 안전을 보장해 준다고 생각하기 때문입니다. 그러나 그것들이 수단이 아닌 목적이 되거나 정당치 않은 방법으로 쟁취되면 대단히 위험해집니다. 성공, 형통, 성장, 성취, 축복 등이 나쁘다고 말하는 것이 아닙니다. 그것들이 목적이 되거나, 수단과 방법을 가리지 않고 그것들을 얻으려고만 해서는 안 된다는 말입니다.

우리 민족이 성서 한국, 선교 한국이 되기 위해서는 성경적 가치관을 형성해야 합니다. 성경적 가치관이란 보이는 것보다는 보이지 않는 것에 가치를 둔다는 뜻입니다. 영원하신 하나님과 영원한 말씀과 영원한 인간의 영혼에 최상의 가치를 두는 것입니다. 우리는 두 세계 사이에서 살고 있습니다. 그러나 우리의 마음은 하나님 나라에 두어야 합니다. 에이미 카마이클은 이런 말을 했습니다. "자신의 마음이 어디에 고정되어 있는가를 살피라. 그것이 곧 자신의 참모습이 될 것이기 때문이다."

우리는 이 땅에서 영원히 살 수 없습니다. 우리가 이 땅에 존재하는 이유는 하나님의 뜻을 이루기 위해서입니다. 하나님의 영광을 드러내기 위해서입니다. 세상적인 것보다는 천국의 것에, 일시적인 것보다는 영원한 것에, 보이는 것보다는 보이지 않는 것에 가치를 두는 것이 성경적 가치관입니다. 물론 우리는 균형을 이루어야 합니다. 이 땅에 하나님의 나라가 임하도록 해야 합니다. 일상적인 삶속에서 깊은 영성을 추구해야 합니다. 이 땅에 사는 데 필요한 성공이나 성취를 무시해서도 안 됩니다. 그러나 모든 것은 하나님의 뜻을 이루는 수단이 되어야 합니다.

성경 암송을 통해 성경적인 가치관을 형성하십시오. 화려한 꽃과 같은 인기보다는 예수님을 닮은 인격을 사모하십시오. 성공을 넘어서 섬김을, 성장을 넘어서 성숙을 추구하십시오.

암송을 위한 질문 |||||||||||||||||||||||||||||

☑ 성경 암송이 영성의 뿌리가 된다는 것을 믿습니까?

☑ 나는 마음 밭에 얼마나 많은 말씀의 씨앗을 뿌리고 있습니까? 내가 뿌린
   말씀의 씨앗이 열매를 맺은 경우가 있습니까?

☑ 성경 암송을 통해 말씀의 꿀맛을 느낄 때가 있습니까? 예배를 드리거나
   설교를 들을 때 성경 암송 덕분에 깨닫는 은혜를 누린 적이 있습니까?

☑ 성경의 맥을 잡고 흐름을 발견하는 성경 통달을 위해 내가 할 수 있는 일
   은 무엇일까요?

☑ 나는 어떤 것에 가치를 두며 살고 있습니까? 성경적 가치관으로 하나님
   의 뜻을 이루는 수단으로 살고자 힘쓰고 있습니까?

4장
지성과 감성을 개발시킨다

성경 암송은 지성 개발의 열쇠다

성경 암송이 주는 유익은 지성을 개발시킨다는 것입니다. 뿌리 깊은 영성은 지성에 기초합니다. 영성 개발은 지성 개발에 근본을 두고 있습니다. 모든 것은 앎에서 시작됩니다. 우리는 아는 것만큼 느끼고 말하고 행동합니다. 지성이 감성에 영향을 끼칩니다. 우리의 감정은 생각의 영향을 받습니다. 또한 지성은 의지에 영향을 끼칩니다. 우리가 선택하고 결단하는 것도 우리의 지성에 근거합니다.

지성이란 안다는 것 이상입니다. 진정한 지식은 단순히 머리로만 아는 것이 아닙니다. 마음으로 알고, 온몸으로 느끼는 것을 의미합니다. 몸소 경험하여 알 때 우리는 그것을 진정한 지식이라고 말할 수 있습니다. 참된 지식의 지평을 넓혀 갈 때 우리 인생의 지평도 넓어집니다. 지식의 지평을 넓혀 가는 일이 지성 개발입니다.

지성은 단순히 지식의 소유를 말하는 것이 아닙니다. 의식의 능력입니다. 지성은 깨어 있는 능력이며, 세심한 주의력입니다. 깊이 보고, 본질을 보는 능력입니다. 지성은 영적 민감성입니다. 훌륭한 지성은 사물을 마음의 창으로 보고, 영혼의 창으로 봅니다.

켄 가이어의 말처럼, 영적 민감성을 개발하는 훈련은 가장 혹독한 훈련 중 하나입니다. 영적 민감성은 지각(知覺)을 개발함으로 시작되기 때문입니다. 지각은 딱딱한 하나님의 말씀을 암송함으로써 분별력을 키우고 예민함을 키울 때 개발됩니다. 성숙과 미숙의 차이는 바로 지각 개발에 달려 있습니다. 히브리서 5장 14절을 보면 "단단한 식물은 장성한 자의 것이니 저희는 지각을 사용하므로 연단을 받아 선악을 분변하는 자들이니라"고 말씀합니다. 미숙한 사람은 지각을 사용하지 않습니다. 그러나 장성한 사람은 지각을 사용하고 또한 훈련합니다.

지성을 개발하기 위해서는 생각을 훈련해야 합니다. 생각을 길들여야 합니다. 생각을 날카롭게 다듬어야 합니다. 생각을 훈련하는 가장 중요한 방법이 성경 암송 훈련입니다. 성경 암송을 통해 말씀을 생각에 새기고, 말씀을 마음에 새기는 훈련은 쉽지 않습니다. 그러나 그 열매는 풍성합니다. 성경 암송을 통해 지각이 개발되면 지성의 감각이 발달하게 됩니다. 지성의 감각이 발달할 때, 모든 것을 새롭고 깊게 볼 수 있습니다.

세상은 언제나 같습니다. 다만 보는 눈이 다를 뿐입니다. 보는 방식이 다를 뿐입니다. 세상을 변화시키는 방법은 보는 방식을 변화시키는 것입니다. 세상을 다른 시각으로 보는 것입니다. 지성이 개발된 사람은 작은 들풀 하나가 떨어질 때 우주가 떨리는 것을 봅니다. 작은 씨앗 속에서 수많은 열매를 보고, 씨앗 하나를 심으면서 거대한 숲을 봅니다. 작은 물방울에서 대양을 보고, 모래 한 알 속에서 영원을 봅니다.

지성이 개발된 사람은 누구보다도 많은 것을 깨닫습니다. 그 사람의 세계는 다른 사람들보다 풍부합니다. 그의 경험은 다른 사람들보다 인상적이고 매력적입니다. 그런 면에서 우리의 세계는 우리 각자가 만드는 것입니다. 그 세계의 풍요함과 생명력은 우리 지성의 풍요함과 생명력에 달려 있습니다.

지성 개발은 언어 개발에서 시작됩니다. 언어를 많이 아는 사람일수록 지성 지수가 높습니다. 그러므로 지성을 개발하기 위해서는 단어를 많이 익혀야 하고, 다양한 언어를 소유해야 합니다. 모든 언어 뒤에는 언어가 담고 있는 세계가 있습니다. 언어를 많이 알고 지성이 개발되면, 다른 사람이 경험하지 못한 세계를 경험할 수 있습니다. 성경을 많이 암송하고 있는 사람은 다양한 언어를 소유한 사람과 같습니다. 그러므로 그 지성이 점점 개발됩니다. 깊이 생각하고 분별력 있게 생각하는 사람이 됩니다. 성경 암송은 지성 개발의 열쇠입니다.

지혜가 충만하게 된다

성경 암송을 통해 누리는 축복은 지혜를 얻는 것입니다. 저에게 가장 행복한 시간은 성경 암송을 통해 제 마음에 품은 말씀을 꺼내어 묵상하는 시간입니다. 말씀을 묵상하는 것만도 제게는 큰 기쁨입니다. 그런데 묵상 중에 지혜까지 얻게 되니, 최상의 환희가 아닐 수 없습니다. 그리스도인들은 지혜를 통해 최고의 낙을 누리게 됩니다.

우리는 잠시 죄악의 낙을 누리거나 세상의 쾌락을 추구하는 사람들이 아닙니다. 고상하고 고고한 낙을 추구하는 사람들입니다. 그 낙이 바로 지혜의 낙입니다. 잠언 10장 23절은 "미련한 자는 행악으로 낙을 삼는 것같이 명철한 자는 지혜로 낙을 삼느니라"고 말씀합니다.

지혜로 낙을 삼기 위해서 우리는 말씀을 암송하고 묵상해야 합니다. 말씀은 지혜의 원천입니다. 내면에 말씀을 많이 소유한 사람은 지혜의 저수지를 소유한 사람입니다. 지혜의 저수지에서 지혜를 끌어올리는 작업이 말씀 묵상입니다.

인생에서 매우 소중한 것 중의 하나가 지혜입니다. 지혜 속에 모든 복이 담겨 있습니다. 지혜는 세상의 어떤 복과도 비교할 수 없음을 성경은 거듭 강조하고 있습니다(잠 3:15-17).

지혜를 소유한 사람은 이 세상에서 가장 명철한 자요, 강한 자입니다. 잠언 24장 3-5절을 보면 "집은 지혜로 말미암아 건축되고 명철로 말미암아 견고하게 되며 또 방들은 지식으로 말미암아 각종 귀하고 아름다운 보배로 채우게 되느니라 지혜 있는 자는 강하고 지식 있는 자는 힘을 더하나니"라고 말씀합니다.

예수님의 어린 시절 모습을 묘사한 누가복음 2장 52절 말씀은 지혜의 중요성을 보여 주고 있습니다.

예수는 지혜와 키가 자라 가며 하나님과 사람에게 더욱 사랑스러워 가시더라

예수님 안에는 지혜와 지식의 모든 보화가 감추어져 있습니다(골 2:3). 바울도 고린도 교인들에게 지혜에는 장성한 자가 되라고 권면합니다(고전 14:20).

지혜는 세상의 꾀와 다릅니다. 지혜는 수직적입니다. 꾀는 수평적입니다. 지혜는 하나님에게서 옵니다. 꾀는 마귀적입니다. 지혜는 영적이며, 꾀는 육적입니다. 지혜는 원시적인 안목을 가졌고, 꾀는 근시적인 안목을 가졌습니다. 지혜의 핵심은 분별력입니다. 선악을 분별하고, 때를 분별하고, 장소를 분별하고, 위치를 분별하고, 언어를 분별하고, 사람을 분별하는 것입니다. 지혜를 얻은 자는 하나님을 알 뿐만 아니라 인간의 심층까지 이해하게 됩니다.

지혜는 하나님의 변함없는 삶의 원리입니다. 지혜는 문제를 해결하는 능력입니다. 문제의 핵심을 보고, 문제 속에서 해결책의 씨앗을 보는 것입니다. 위기를 맞이했을 때 그 위기를 극복할 수 있

는 아이디어를 창출하는 것이 지혜입니다. 다시 말해, 지혜는 위기를 기회로 만드는 순발력입니다. 순발력을 키우는 것이 바로 성경 암송입니다. 암송으로 훈련된 지성과 묵상으로 소유하게 된 지혜를 가진 사람은 어떤 상황에 처해도 지혜롭게 대처합니다. 올바로 분별하고, 선택하고, 결단합니다.

지혜는 환경을 초월해서 승리할 수 있는 형통의 원리와 같은 것입니다. 여호수아의 승리 비결도 지혜에 있었습니다. 모세가 여호수아에게 안수했을 때 그에게 지혜의 신이 충만했습니다(신 34:9). 성령님은 지혜의 하나님이십니다. 그분은 말씀과 함께 역사하십니다. 성령님은 여호수아 속에 담겨 있는 말씀을 통해 지혜를 주심으로써 그를 형통하게 하셨습니다.

지혜의 우물인 마음을 이해하게 된다

인생을 아름답고 풍요롭게 살았던 현인들과 위인들에게는 공통점이 있습니다. 그들은 마음의 세계를 탐구했고, 마음을 사용할 줄 알았습니다. 하나님께 귀히 쓰임받았던 사람들은 하나님의 마음과 인간의 마음을 알았습니다. 하나님은 말씀 속에 하나님의 마음을 담으셨습니다. 하나님의 말씀을 받을 때 우리는 하나님의 마음을 받는 것입니다.

하나님의 마음이 담긴 말씀을 우리 마음에 새기는 것이 성경 암송입니다. 신명기 6장 6절은 "오늘 내가 네게 명하는 이 말씀을 너는 마음에 새기고"라고 말씀합니다. 여기서 우리는 "말씀을 마음에 새기라"는 명령에 주의를 기울여야 합니다.

하나님의 말씀을 우리 마음에 새길 때 우리 마음과 하나님의 마음이 하나가 됩니다. 하나님의 마음을 알게 되고 경험하게 됩니다. 성경을 읽을 때도 하나님의 마음을 가지고 읽게 됩니다. 성경을 읽을 때 하나님의 의도를 알게 됩니다. 하나님의 눈을 가지고, 하나님의 관심을 갖게 됩니다.

우리가 하나님의 말씀을 마음에 새겨야 하는 가장 중요한 이유는 하나님의 관심이 우리의 마음에 있기 때문입니다. 하나님은 우리 마음속에 가장 소중한 것을 숨겨 두셨습니다. 잠언 4장 23절은 "모든 지킬 만한 것 중에 더욱 네 마음을 지키라 생명의 근원이 이에서 남이니라"고 말씀합니다. 하나님은 생명의 근원을 마음에 담아 두셨습니다. 하나님은 우리의 마음을 보시고 복을 주십니다. 마음을 보시고 우리를 사용하십니다.

마음은 하나님의 활동 무대입니다. 사람의 마음속에 모략이 있습니다. 마음속에는 지혜의 우물이 들어 있습니다. 잠언 20장 5절은 "사람의 마음에 있는 모략은 깊은 물 같으니라 그럴지라도 명철한 사람은 그것을 길어 내느니라"고 말씀합니다. 가장 강한 사람은 자신의 마음을 알고 다스리는 사람입니다.

노하기를 더디하는 자는 용사보다 낫고 자기의 마음을 다스리는 자

는 성을 빼앗는 자보다 나으니라 잠 16:32

탁월한 인물들은 마음의 세계, 의식의 세계, 무의식의 세계를 연구했습니다. 특별히 의식 아래 있는 무의식, 즉 잠재의식의 세계를 연구했습니다. 또한 잠재의식을 넘어선 초의식에 대해 연구했습니다. 잠재의식이 우리 내면에 깊이 감추어진 의식이라면 초의식은 위로부터 내려오는 의식입니다. 성령 충만을 받은 그리스도인들에게 초의식이란 영감의 세계를 의미합니다. 초의식은 하나님의 지혜, 우주적 지혜를 담고 있는 의식입니다. 잠재의식보다 더 탁월한 의식이 초의식입니다. 초의식은 신비로운 영감의 세계입니다. 영감의 세계로부터 세상의 꾀가 아닌 지혜를 얻게 됩니다.

영감의 세계 속으로 들어가는 길은 침묵입니다. 하나님의 말씀에 집중하면서 묵상하는 것입니다. 그리고 조용히 기다리는 것입니다. 마음의 집착을 버리고 회개함으로써 마음의 쓰레기를 비우고 짧은 말씀을 집중해서 묵상하는 것입니다. 초연한 가운데 하나님의 음성을 듣는 것입니다. 그때 우리는 창세로부터 내려오는 무한한 하나님의 지성과 깊고 오묘한 하나님의 지혜를 만나게 됩니다. 영감과 무한한 지혜는 침묵과 명상과 묵상의 세계를 갈망하는 사람에게 주어지는 하나님의 은총의 수단입니다.

마음의 세계는 신비로운 세계입니다. 우리가 예수님을 모시는 순간, 예수님 안에 있는 하나님의 지혜가 우리 안에 들어옵니다(골 2:3). 또한 예수님을 모시는 순간, 지혜의 성령님이 우리 안에 들어

오십니다(사 11:2). 우리가 말씀을 읽고 암송하는 순간, 지혜의 말씀이 우리 안에 들어옵니다.

그래서 마음은 지혜의 우물이 되는 것입니다. 우물은 사용하지 않으면 말라 버립니다. 우물은 좋은 땅의 수맥에서 물을 끌어들입니다. 우물은 물을 많이 길어 낼수록 수맥이 점점 열리고 커져서 물이 더욱 풍성해집니다. 우물은 사용할수록 마르는 것이 아니라 사용하지 않음으로써 마르게 됩니다.

지혜의 우물을 차고 넘치게 하려면 성경을 암송하고 묵상해야 합니다. 성경을 암송하면 우리 내면의 우물이 움직이기 시작합니다. 내면의 지혜와 암송한 말씀의 지혜가 만나면서 또 다른 지혜가 생겨납니다. 그 지혜는 말씀을 묵상할 때 더욱 깊어집니다. 그 깊어진 지혜를 길어 내는 두레박이 묵상입니다. 성경 암송을 하면 할수록 지혜의 우물은 깊어집니다. 더욱 풍성해집니다.

성경 암송과 묵상을 통해 지혜의 우물인 마음에서 모든 지혜를 길어 내는 지혜자가 되길 바랍니다.

감성지수(EQ)가 개발된다

성경 암송은 지각을 연단하여 지성을 개발시켜 줄 뿐 아니라 감성도 개발시켜 줍니다. 감성 개발은 우리의 내면을 개발하는 것입니다. 좋은 감정을 개발하는 것입니다. 좋은 감정은 좋은 관계를 맺는 열쇠입니다. 감성 개발이란 마음을 개발하고, 마음의 정원을 잘 가꾸는 것입니다. 성경 암송은 말씀을 마음에 새기는 것입니다(신 6:6). 말씀을 마음에 새긴다는 것은 마음의 세계 속에 말씀의 씨앗을 심는다는 의미입니다. 성경 암송에 깊이 들어가면 마음의 세계를 이해하게 됩니다. 마음의 세계를 이해할 때 감성을 잘 개발할 수 있습니다.

하버드대학교의 심리학 교수 대니얼 골먼은 《EQ 감성지능》이란 책을 썼습니다. 그는 감성의 지능을 중요하게 생각했습니다. 인생에서 승리하는 데는 지성지수보다 감성지수가 더 많은 영향을 끼친다고 주장했습니다. 그는 역사적으로 위대한 일을 성취한 사람들에 대해 연구하다가, 대부분의 위인들이 지성지수가 높기보다는 감성지수가 높았다는 사실을 발견했습니다. 그리고 그는 자기 절제, 동정심, 사랑, 인내, 부지런함, 양보, 정직성, 창조력 등을 감성지수의 구성 요소로 정의했습니다.

감성을 잘 사용하면 지성의 한계를 뛰어넘는 깨달음에 이르게 됩니다. 깨달음의 세계는 지성의 세계보다는 감성의 세계와 깊이 연결되어 있습니다. 깨달음의 세계는 성화된 감각의 세계입니다. 영감의 세계이며, 지혜의 세계입니다. 한순간에 모든 것이 연결되고 이해되는 세계입니다. 논리로 이해할 수 없는 세계가 한순간에 이해되는 것입니다. 깨달음은 마음을 잘 가꾼 사람들이 경험하는 신비로운 경험입니다.

깨달음이란 마음이 청정하고 고요한 상태에서 모든 것이 한눈에 들어옴을 경험하는 경지입니다. 마음이 맑아지면, 한순간에 온 우주가 그 마음에 비치게 됩니다. 산발적으로 알았던 진리가 한순간에 연결되어 마음에 들어오게 됩니다. 깨달음은 조용히 명상하고 말씀을 묵상하는 사람들이 누리게 되는 하나님의 은총의 사건입니다. 깨달음은 특정한 사람만이 경험하는 것이 아니라 깨달음을 갈망하는 사람이라면 누구나 경험할 수 있습니다(시 107:9).

감성지수가 높다는 것은 내면 세계에 질서가 잡혀 있다는 뜻입니다. 생명의 근원이 담겨 있는 마음을 사용할 줄 아는 지혜를 소유했다는 의미입니다. 생명의 근원인 마음을 지키고, 마음의 감정을 개발하는 것이 지혜 중의 지혜입니다(잠 4:23).

감성지수에서 가장 중요한 것은 자신의 감정을 객관화하는 능력입니다. 자신의 감정을 관찰하고, 분별하고, 다스리는 일은 감성지수의 핵심입니다. 감성이 개발되면 자신의 감정을 잘 다스리게 됩니다. 감정을 다스리면 마음을 다스리게 됩니다. 자신의 마음을 잘 다스리는 사람은 다른 사람의 마음도 잘 이해합니다. 자신에게 동기를 부여할 수 있는 사람은 다른 사람에게도 동기를 부여할 수 있습니다.

인생의 승리는 다른 사람을 이기는 데 있지 않고 먼저 자신을 이기는 데 있습니다. 다른 사람을 앞서는 것이 아니라 먼저 자신을 앞서는 데 있습니다. 세상을 정복하기보다는 자신의 마음을 정복하고, 자신의 마음을 다스리는 데 있습니다.

인생의 승리는 부정적인 감정을 다스리고(잠 16:32), 부정적인 감정을 긍정적으로 변화시킬 수 있는 능력에 달려 있습니다. 성경 암송은 감정을 바로잡을 수 있도록 도와주는 삶의 기술입니다. 모든 감정의 뿌리는 생각에 있습니다. 성경 암송은 감정에 영향을 주는 생각을 다스림으로써 마음을 다스리게 합니다. 말씀을 통해 부정적인 감정을 긍정적인 감정으로 변화시키는 것입니다. 성경 암송을 통해 감성을 개발하는 가운데 승리자가 되십시오.

기억력을 배양시켜 평생 학습자로 살게 한다

역사를 움직인 인물들은 평생 학습자로 살았습니다. 21세기는 지식 혁명의 시대입니다. 사람들은 지식과 정보를 소유하고, 그것을 활용할 수 있는 지혜를 가진 사람을 찾아갑니다. 지식을 단순히 소유한 사람이 아니라 지식을 창출해 내는 지식 생산자를 찾아갑니다. 새 시대가 말하는 참된 실력이란 지식을 축적하는 능력이 아닙니다. 지식을 생산하는 창조적인 능력을 말합니다.

하나님이 맡기신 과업을 성취하려면 지식의 소중함을 절실하게 깨달아야 합니다. 지도자는 하나님이 맡기신 과업을 성취하기 위해 지적, 인적, 재정적, 그리고 영적 자원을 동원할 줄 알아야 합니다. 그러기 위해서 하나님의 사람들은 평생 학습자로 살아야 합니다. 특별히 21세기를 이끌어 갈 영적 지도자가 되기 위해서는 평생 학습자로 살 수 있는 학습 능력을 배양해야 합니다.

21세기의 문맹자는 글을 읽고 쓸 줄 모르는 사람이 아닙니다. 앨빈 토플러는 "21세기 문맹자는 글을 읽고 쓸 줄 모르는 사람이 아니라 학습하고 교정하고 재학습하는 능력이 없는 사람"이라고 말했습니다. 평생 학습자로 사는 사람에게 중요한 것은 학습 능력입니다. 학습 기술입니다. 학습 능력을 가진 사람과 갖지 않은 사람의 차이는 실로 엄청납니다.

처음에는 일정한 목표를 향해 두 사람이 같이 출발합니다. 그러나 학습 능력을 갖춘 사람은 차를 타고 가는 사람과 같고, 학습 능력을 갖추지 못한 사람은 자전거를 타고 가는 사람과 같습니다. 처음에는 비슷하지만 조금만 시간이 지나면 엄청난 차이가 나게 됩니다. 그래서 하나님은 하나님의 백성들을 평생 학습자로 살게 하시고 학습 능력을 어릴 적부터 배양하게 하셨습니다.

하나님이 이스라엘 백성에게 주신 교육 헌장이 신명기 6장에 나옵니다. 교육 헌장의 핵심은 어릴 적부터 하나님의 말씀을 마음에 새길 수 있도록 가르치라는 것입니다.

6 오늘 내가 네게 명하는 이 말씀을 너는 마음에 새기고 7 네 자녀에게 부지런히 가르치며 집에 앉았을 때에든지 길에 갈 때에든지 누워 있을 때에든지 일어날 때에든지 이 말씀을 강론할 것이며 신 6:6-7

이스라엘 민족의 우수성은 어릴 적부터 성경을 암송하고 배우면서 학습 기술을 터득한 데 있습니다.

성경 암송과 거룩한 습관

하나님이 모세의 뒤를 이을 차세대 지도자로 세웠던 여호수아는 평생 학습자로 살았습니다. 그는 모세에게 배웠고, 또한 그 배운 바를 따라 살았습니다. 여호수아 1장 7절을 보면 "오직 강하고 극히 담대하여 나의 종 모세가 네게 명령한 그 율법을 다 지켜 행하고 우로나 좌로나 치우치지 말라 그리하면 어디로 가든지 형통하리니"라고 말씀합니다.

하나님은 여호수아에게 모세가 명한 율법이라고 강조합니다. 여호수아는 학습에 탁월했습니다. 그는 말씀 묵상을 통해 그 학습에 깊이를 더했습니다. 학습의 가장 중요한 네 가지 요소는 기억력, 종합적 사고력, 창의력, 판단력입니다. 이중에서 기억력이 가장 기초입니다.

기억력에서 종합적 사고력이 나오고, 기억된 아이디어에서 창의력이 생깁니다. 또한 기억된 지식과 정보를 비교하고 분석하고 종합하는 가운데 판단력이 생깁니다. 모든 교육의 기초는 암송에서 시작됩니다. 가장 기본적인 원리와 개념을 암송하는 데서 교육이 시작되는 것입니다. 배움이란 기억하는 것입니다. 기억 없이는 배움이 없습니다. 기억한 것을 회상해서 사용함으로써 우리는 인생에서 승리할 수 있습니다. 성경 암송은 기억력을 배양시켜 평생 학습자로 살 수 있는 학습 능력을 증진시켜 줍니다.

대화에 탁월한 사람이 된다

성경 암송을 하면 대화를 잘 하게 됩니다. 영적 안내자들은 대화에 능해야 합니다. 우리는 말로 사람들을 가르치고, 말로 사람들을 설득하고, 말로 사람들을 감화시킵니다. 언어에는 놀라운 능력이 있습니다. 잠언 18장 20-21절은 언어에 대해 "사람은 입에서 나오는 열매로 말미암아 배부르게 되나니 곧 그의 입술에서 나는 것으로 말미암아 만족하게 되느니라 죽고 사는 것이 혀의 힘에 달렸나니 혀를 쓰기 좋아하는 자는 혀의 열매를 먹으리라"고 말씀합니다.

말의 능력을 아는 것과 말을 잘 사용하는 것은 큰 차이가 있습니다. 아리스토텔레스는 "자신이 무엇을 말해야 할지 아는 것만으로는 충분하지 않다. 그것을 어떻게 말해야 할지를 또한 알아야만 한다"고 말했습니다. 말은 잘하면 보약과 같지만 잘못 사용하면 비수와 같은 역할을 하게 됩니다. 말을 잘하는 것보다 더 중요한 것은 대화를 잘하는 것입니다. 대화는 독백이 아닙니다. 대화는 서로 함께 나누는 것입니다.

저는 성경 암송을 통해 대화의 원리를 터득할 수 있었습니다. 성경 암송을 통해 마음에 새긴 성경 말씀들은 제가 대화를 잘할 수 있도록 항상 도와주었습니다. 우리는 대화의 기술보다 먼저 대화의 원리를 터득해야 합니다. 성경 암송을 통해 터득한 가장 중요한 대화의 원리는 마태복음 7장 12절에 있습니다.

그러므로 무엇이든지 남에게 대접을 받고자 하는 대로 너희도 남을 대접하라 이것이 율법이요 선지자니라

이 말씀은 저로 하여금 대화할 때마다 상대방의 입장을 생각할 수 있도록 지혜를 주었습니다.

사실 가장 중요한 대화의 원리는 말에 있지 않고 성품에 있습니다. 조셉 에디슨은 "좋은 성품은 재치 있는 말보다 더 기분 좋게 해 주며, 단순한 미모를 넘어서 호감을 줄 수 있는 표정을 짓게 한다"고 말했습니다. 성경 암송을 통해 우리의 성품이 주님을 닮게 될 때, 우리 자신이 향기 나는 언어가 될 수 있습니다.

좋은 성품에서 나온 진실한 언어만큼 좋은 것은 없습니다. 화려한 언어보다는 단순하고 담백하며 진실한 언어가 사람의 마음을 잘 움직입니다. 사랑이 담긴 진실한 언어는 사람의 마음을 움직이는 가장 좋은 언어입니다.

잠언 말씀을 읽고 묵상하는 가운데, 대화에서 중요한 것은 시기라는 사실을 배웠습니다. '무슨 말을 하는가' 이상으로 '언제 말하는가'는 참으로 중요합니다. 성경은 때의 중요성에 대해서 여러 번 말씀하고 있습니다.

사람은 그 입의 대답으로 말미암아 기쁨을 얻나니 때에 맞는 말이 얼마나 아름다운고 잠 15:23

경우에 합당한 말은 아로새긴 은 쟁반에 금 사과니라 잠25:11

아무리 좋은 말도 때를 맞추지 못하면 비참한 결과를 맺습니다 (잠 27:14).

대화에 있어서 아주 중요한 역할을 하는 것이 또한 분별력입니다. 적절한 때와 적절한 언어를 분별해서 사용해야 합니다. 성경 암송과 함께 좋은 원리들을 많이 암송하고 있을 때 우리는 적절하고 적합한 언어를 사용할 수 있습니다. 아주 적합한 언어는 대화를 아름답게 해줍니다. 마크 트웨인은 "'거의' 알맞은 단어와 '꼭' 알맞은 단어의 차이는 진짜로 엄청나다. 이 차이는 정말로 반딧불(lightning bug)과 번개(lightning)의 차이다"라고 말했습니다.

대화에서 제일 중요한 것은 상대방을 이기는 것이 아닙니다. 상대방과 깊은 관계를 맺는 것입니다. 깊은 관계를 맺기 위해서는 내면의 감정까지도 나눌 수 있어야 합니다. 마음과 마음이 이어지는 대화를 나눌 수 있어야 합니다.

성경 암송으로 내면을 아름답게 가꾸십시오. 아름다운 내면에서 끌어낸 언어로 대화에 탁월한 하나님의 사람이 되십시오.

암송을 위한 질문 ||||||||||||||||||||||||||

☑ 성경 암송을 하면서 지성이 개발되어 세상 보는 눈이 달라짐을 경험한 적이 있습니까? 또 생각이 날카로워지고 깊어지는 경험을 한 적이 있습니까?

☑ 말씀을 암송하고 묵상하면서 얻은 지혜가 있다면 무엇입니까?

☑ 말씀 암송으로 하나님과 다른 사람의 마음을 알게 된 경험이 있습니까?

☑ 말씀으로 부정적인 감정을 다스리고 긍정적인 감정으로 바뀐 적이 있습니까?

☑ 나는 계속해서 무언가를 배우고 학습하려는 자세로 살고 있습니까? 특히 성경 말씀을 읽고 기억력이 배양된 경험이 있습니까?

☑ 사람들과 대화를 나눌 때 어려움을 느낀 적이 있습니까? 성경 말씀을 접하면서 대화의 방법이 달라진 경험이 있습니까?

염려를 극복하게 된다

인생은 무엇에 사로잡히느냐에 따라 결정됩니다. 성경 암송은 우리를 말씀에 사로잡힌 하나님의 사람이 되도록 도와줍니다. 성경 암송은 우리로 하여금 올바른 생각에 사로잡힐 수 있도록 도와줍니다. 우리는 어떤 생각을 하며 살 것인가를 선택할 수 있습니다.

하나님이 우리에게 주신 축복 중에 하나가 선택의 축복입니다. 선택의 능력을 잘 사용할 때 우리는 놀라운 결과를 낳을 수 있습니다. 우리가 경계해야 할 생각 중 하나는 염려하는 마음입니다. 염려는 두 마음을 품어 정함이 없는 마음입니다. 염려는 잘못 선택한 생각에서 옵니다. 염려하는 생각을 극복하고 정복할 수 있는 영성 훈련이 바로 성경 암송입니다.

깊은 영성은 충만한 현재 속에서 사는 것입니다. '지금 여기에'(Here and Now)가 영성 생활의 본질입니다. 영성 생활의 핵심은 과거의 노예가 되지 않고, 다가오는 미래를 염려하지 않는 삶을 사는 것입니다. 충만한 현재 속에 산다는 것은 현재에 집중하는 삶뿐만 아니라 다가올 미래를 위해 오늘을 잘 가꾼다는 의미입니다.

인간은 전능하지 않기 때문에 과거로부터 온전히 자유로울 수 없습니다. 하지만 그렇다고 과거의 노예가 되어서는 안 됩니다. 하나님은 우리에게 과거를 회상하라고 기억력을 주셨습니다. 충만한 현재를 산다는 것은 과거의 교훈을 배워 오늘을 지혜롭게 산다는 의미입니다. 또한 다가올 미래를 위해 오늘을 잘 가꾼다는 의미입니다. 미래를 걱정하는 것과 미래를 위해 오늘을 가꾸는 것은 큰 차이가 있습니다.

충만한 현재 속에 사는 것을 방해하는 것이 염려입니다. 염려는 현재의 문제가 아닌 과거의 문제와 아직 오지도 않은 미래의 문제를 생각하며 걱정하는 것입니다. 염려는 꿈꾸는 자의 장애물입니다. 염려가 많은 사람은 꿈을 성취하지 못합니다. 꿈을 성취하려면 모험을 해야 합니다. 도전하는 인생을 살아야 합니다. 그런데 염려가 많으면 진취적인 개척자가 될 수 없습니다. 염려에 사로잡히면 인간은 약해집니다. 무력감에 빠지게 됩니다. 도전하고 모험하는 인생을 살 수 없습니다.

염려는 건강을 해칩니다. 많은 질병이 염려에서 옵니다. 질병에 대한 염려는 질병보다 더 해롭습니다. 염려는 행복을 빼앗아 갑니다. 행복은 감정입니다. 행복감을 통해 우리는 행복을 누리게 됩니다. 그런데 염려는 인간에게서 행복감을 빼앗아 가고 인간을 불안하고 초조하게 만듭니다. 행복은 내면의 문제이고 태도의 문제입니다

다. 그런데 염려는 내면에 어둠을 던져 줍니다.

염려가 심각해지면 습관이 됩니다. 염려는 잘못된 마음의 습관입니다. 염려하는 습관이 반복되면 나중에는 염려에 중독되고 맙니다. 염려는 거대한 고목을 쓰러뜨리는 벌레와 같이 거인을 쓰러뜨릴 수 있습니다. 염려를 이길 수 있는 길은 성경 암송을 통해 생각의 흐름을 바로잡는 것입니다.

예수님은 인간의 심층에 염려의 문제가 있음을 아셨습니다. 그래서 "염려하지 말라"고 명하셨습니다(마 6:25). 예수님은 산상수훈에서 염려가 비생산적이며, 비신앙적임을 가르쳐 주셨습니다. 우리는 성경을 암송함으로 염려하는 생각을 극복할 수 있습니다. 염려의 뿌리는 생각에 있습니다. 염려하는 생각을 물리치는 데 가장 도움이 되는 말씀은 마태복음 6장 25-34절, 요한복음 14장 1절, 그리고 빌립보서 4장 6-7절입니다. 사탄이 염려로 공격할 때, 오히려 역으로 염려를 지치게 하고, 염려를 무력하게 만드는 말씀으로 공격해야 합니다. 날카로운 말씀의 검으로 염려를 물리쳐야 합니다. 염려는 말씀으로 능히 극복할 수 있습니다.

마음의 평강을 누리게 된다

성경 암송을 하면 평강의 복을 받습니다. 마음의 평강은 모든 사람이 원하는 복입니다. 마음의 평화를 깨뜨리는 것이 염려입니다.

염려는 마음을 나누어 놓습니다. 목을 조이듯이 우리 인간을 괴롭합니다. 불안과 두려움은 염려가 만들어 내는 것입니다. 성경 암송은 마음의 어둠을 몰아내고 평강을 얻도록 도와줍니다.

저는 염려, 불안, 그리고 두려움과 같은 감정이 일어날 때 성경을 암송하며 기도합니다. 제가 늘 마음에 두면서 기도하는 말씀은 빌립보서 4장 6-7절입니다.

6 아무것도 염려하지 말고 다만 모든 일에 기도와 간구로, 너희 구할 것을 감사함으로 하나님께 아뢰라 7 그리하면 모든 지각에 뛰어난 하나님의 평강이 그리스도 예수 안에서 너희 마음과 생각을 지키시리라

마음에 평안이 아닌 염려가 찾아올 때 우리는 제일 먼저 그 원인을 분석해야 합니다. 그 뿌리가 무엇인가를 생각해야 합니다. 때때로 우리는 정말 하찮은 것을 가지고 염려할 때가 있습니다. 우리가 염려하는 것의 대부분은 그 원인을 밝히고 나면 아무것도 아닌 것일 때가 많습니다. 염려하는 것에 대해 기도하면서 하나님과 대화하면 염려의 정체가 드러나기 시작합니다.

비밀은 감추어져 있을 때 힘을 발휘하지만 드러나면 무력해집니다. 염려도 우리 마음에 감춰진 비밀과 같습니다. 염려하는 것을 드러내어 말씀의 빛 아래 비추면 염려는 한순간에 독이 빠진 독사같이 되어 버립니다.

염려 가운데는 우리가 감당할 수 없는 무거운 짐과 같은 것이 있습니다. 그때는 기도를 통해 그 짐을 하나님께 맡겨야 합니다. 베드로는 우리에게 "너희 염려를 다 주께 맡기라 이는 그가 너희를 돌보심이라"(벧전 5:7)고 권면합니다. 하나님 아버지는 전능하십니다. 우리가 하나님께 짐을 맡길 때 하나님은 우리의 짐을 대신 감당해 주십니다. 우리가 하나님께 기도로 짐을 맡기는 순간에 그것은 하나님의 짐이 됩니다. 그리고 하나님이 우리를 위해 일하기 시작하십니다.

염려의 원인이 불순종의 문제라면 하나님의 음성을 듣고 순종해야 합니다. 우리가 하나님의 명령에 순종하는 순간, 하나님의 평강이 우리 안에 강물처럼 넘치게 됩니다. 이사야 48장 18절을 보면 "네가 나의 명령에 주의하였더라면 네 평강이 강과 같았겠고 네 공의가 바다 물결 같았을 것이며"라고 말씀합니다.

하나님은 말씀에 뿌리를 내리고 하나님을 신뢰하는 사람에게 평강을 베푸십니다. 이사야 26장 3절은 "주께서 심지가 견고한 자를 평강하고 평강하도록 지키시리니 이는 그가 주를 신뢰함이니이다"라고 말씀합니다. 하나님이 주시는 평강은 세상이 줄 수 없는 평강입니다. 염려가 찾아올 때 말씀을 암송하면서 감사함으로 하나님께 기도하십시오. 하나님은 우리의 염려를 하나님의 평강으로 바꾸어 주실 것입니다. 지각에 뛰어난 하나님의 평강이 우리의 마음과 생각을 지켜 주는 축복을 경험할 것입니다.

성경 암송을 통해 우리 마음이 말씀으로 충만해지면 염려는 사라지고 그리스도의 평강이 넘치게 됩니다. 그리스도의 평강이 우리 마음을 주장하도록 하는 길은 주님의 말씀을 우리 마음에 충만하게 하는 것입니다. 성경 암송을 통해 골로새서 3장 15절 말씀을 경험해 보길 바랍니다.

그리스도의 평강이 너희 마음을 주장하게 하라 너희는 평강을 위하여 한 몸으로 부르심을 받았나니 너희는 또한 감사하는 자가 되라

심력이 강화된다

인생에서 승리하려면 강한 마음을 소유해야 합니다. 심력을 강화해야 합니다. 인생은 전쟁터와 같습니다. 또한 그리스도인들은 영적 전쟁 속에 있습니다. 전쟁에 나간 용사에게 가장 중요한 것은 담력입니다. 강한 심력입니다. 모든 싸움의 승리와 실패는 먼저 마음에서 시작됩니다. 마음에서 이기면 승리하고, 마음에서 지면 패배할 수밖에 없습니다.

가장 큰 장애물은 우리 밖에 있지 않고 우리 안에 있습니다. 그 장애물은 우리를 공격하는 두려움입니다. 성경 암송은 두려움을 이길 수 있도록 도와줍니다. 두려움은 생각에서 옵니다. 생각의 초점을 잘못 맞출 때 두려움이 찾아옵니다. 하나님은 우리가 두려움 많은 존재임을 아십니다. 그래서 우리에게 과업을 맡기실 때 두려워

하지 말고 담대하라고 명령하십니다. 전쟁에 능한 용사였던 여호수아도 모세가 세상을 떠난 후에 두려웠습니다. 그에게 맡겨진 가나안 정복의 과업 앞에서 두려워했습니다. 그때 하나님은 여호수아에게 반복해서 "강하고 담대하라"고 말씀하셨습니다.

강하고 담대하라 너는 내가 그들의 조상에게 맹세하여 그들에게 주리라 한 땅을 이 백성에게 차지하게 하리라 수 1:6

내가 네게 명한 것이 아니냐 강하고 담대하라 두려워하지 말며 놀라지 말라 네가 어디로 가든지 네 하나님 여호와가 너와 함께하느니라 하시니라 수 1:9

하나님은 엄청난 과업을 앞에 놓고 두려워하는 여호수아에게 "강하고 극히 담대하며 두려워 말며 놀라지 말라"고 거듭 말씀하십니다. 하나님이 이렇게 반복해서 말씀하신 이유는 여호수아의 마음판에 '담대하라'는 말씀을 새기시기 위해서였습니다. 여호수아는 하나님의 말씀을 붙잡고 두려움을 물리쳤습니다. 하나님이 동행하신다는 약속을 붙잡고 전쟁에 나가 승리하는 지도자가 되었습니다.

승리자의 공통점은 담대함, 자신감, 그리고 확신입니다. 담대함은 승리를 가져오고, 큰 상을 얻도록 도와줍니다. 히브리서 10장 35절은 "그러므로 너희 담대함을 버리지 말라 이것이 큰 상을 얻게 하느니라"고 권면합니다. 큰 상을 얻게 되는 담대함은 믿음을 통해 얻을 수 있습니다. 믿음은 그리스도의 말씀을 들을 때 얻게 됩니다(롬 10:17). 그러므로 믿음을 강화하기 위해 말씀을 암송해야 합니다. 말씀을 암송할 때 믿음이 강해지고, 심력도, 담력도 강화됩니다.

용기 있는 사람이란 두려움을 느끼지 않는 사람을 의미하는 것이 아닙니다. 믿음의 사람들도 두려워했습니다. 용기란 두려움 중에도 전진하는 것을 의미합니다. 용기는 조금 더 버틸 수 있는 힘입니다. 에머슨의 말처럼 다른 사람보다 5분 더 버티는 사람이 용기 있는 사람입니다. 그 버틸 수 있는 용기를 공급해 주는 것이 바로 성경 암송입니다.

용기가 필요할 때는 특별히 이사야 41장 10절 말씀을 암송하고 힘을 얻으십시오.

두려워하지 말라 내가 너와 함께함이라 놀라지 말라 나는 네 하나님이 됨이라 내가 너를 굳세게 하리라 참으로 너를 도와주리라 참으로 나의 의로운 오른손으로 너를 붙들리라

당신이 암송한 하나님의 말씀은 당신에게 믿음을 주고, 담력을 줄 것입니다. 심력을 강화시켜서 죽음을 초월한 하나님의 사람으로 세워 줄 것입니다.

의지력이 강화된다

인생에서 승리하기 위해서는 의지력을 강화해야 합니다. 의지력은 탁월함에 이르는 능력이며, 승리의 비결입니다. 우리가 향기로운 하나님의 사람으로 성장하기 위해서는 지성과 감성뿐 아니라 의지력도 개발해야 합니다.

와일드는 다음과 같이 말했습니다. "의지란 두 가지 이상의 목표 가운데 추구해야 할 한 가지를 선택하고, 일단 선택하고 나면 행동으로 끝까지 관철시키는 마음의 작용이다." 의지란 선택이나 결정을 하는 능력입니다. 그리고 선택하고 결단한 것을 행동에 옮기는 힘입니다. 의지력을 다른 말로 끈기라고 할 수 있습니다.

동물은 충동에 의해 움직입니다. 그러나 인간은 충동을 넘어서 의지를 따라 움직입니다. 사람이 미숙할 때는 어린아이처럼 충동적으로 행동하지만 성숙하면 훈련된 의지를 따라 행동합니다. 인생의 문제는 실패하는 데 있지 않고 너무 쉽게 포기하는 데 있습니다. 실패보다 더욱 위험한 것은 포기입니다. 포기하지 않는다면 우리는 언제든지 다시 일어설 수 있습니다.

가장 중요한 것은 끈기입니다. 조지 모리슨은 "우리는 끈기 있는 일관성으로 승리를 얻는다. 우리는 어떤 화려한 방식으로 승리하는 것이 아니다. 우리는 끈기 있는 지속성으로 이긴다"고 말했습니다. 그는 일종의 조용하면서도 '눈부신 끈기'가 모든 성자들의 표식 가운데 하나라고 말했습니다.

저는 성경 암송 훈련을 통해 의지력을 강화하는 축복을 누리게 되었습니다. 의지력은 훈련으로 강화됩니다. 성경 암송 훈련은 우리로 하여금 지속성과 일관성을 갖도록 도와줍니다. 인격은 지속성과 일관성으로 설명될 수 있습니다. 우리는 지속성과 일관성을 소유한 사람을 인격자라고 부릅니다. 그런 사람은 믿음직스럽습니다. 어떤 환경에서도 요동하지 않습니다. 어떤 어려움이 있어도 그가 뜻한 바를 이룹니다. 지속성과 일관성은 탁월함에 이르는 핵심 요소입니다.

지속성과 일관성 있는 사람이 되려면 의지력을 강화해야 합니다. 의지력을 강화하려면 의지가 어떻게 움직이는지 알아야 합니다. 의지는 마음의 영향을 받아 움직입니다. 의지력은 마음에서 일어납니다. 마음을 움직이는 것은 영감입니다. 영감은 마음의 생각을 자극합니다. 그리고 마음을 움직여 행동하게 하는 것이 동기 부여입니다. 영감은 생각을, 동기 부여는 행동을 자극합니다.

지혜로운 사람은 행동을 강요하기보다 적절한 동기를 부여합니다. 생텍쥐페리는 이런 말을 했습니다. "만약 당신이 배를 만들고 싶으면, 사람들을 불러 모아 목재를 가져오게 하고 일을 지시하고 일감을 나눠 주는 등의 일을 하지 말라. 대신 그들에게 저 넓고 끝없는 바다에 대한 동경심을 키워 주라." 이처럼 동기 부여란 바다에 대한 동경심을 불러일으켜 사람들이 배를 짓도록 행동을 자극하는 것입니다.

우리는 의지력을 강화하기 위해서 하나님이 우리에게 맡겨 주신 사명을 생각해야 합니다. 하나님이 우리에게 부여하신 뚜렷한 목표를 바라보는 시간을 가져야 합니다. 그때 우리 마음속에 불타는 열정이 일어나게 됩니다. 우리의 의지력도 강화됩니다.

저는 성경을 지속적으로 암송하면서 의지력을 강화시켰습니다. 또한 하나님이 제 마음에 주신 목표를 달성하는 과정에서, 마음이 약해질 때마다 의지력을 강화시켜 주는 성경을 암송했습니다. 특별히 누가복음 9장 62절 말씀은 언제나 제게 큰 도움이 되었습니다.

예수께서 이르시되 손에 쟁기를 잡고 뒤를 돌아보는 자는 하나님의 나라에 합당하지 아니하니라 하시니라

또한 저의 의지력을 강화시켜 주는 데 도움이 된 말씀이 여럿 있습니다. 히브리서 10장 38절, 야고보서 5장 11절, 디모데후서 2장 10절, 12절 말씀입니다. 성경 암송을 통해 의지력을 강화하여 승리자가 되십시오.

집중력이 개발된다

인생을 승리하며 살아가는 비결 가운데 집중력만큼 중요한 것도 없습니다. 열심히 일한다고 성공하는 것이 아닙니다. 집중해서 일해야 성공합니다. 집중은 성취의 원동력입니다. 여러 가지 일을 한

꺼번에 하면서 위대한 일을 성취한 사람은 없습니다. 뜻한 바를 성취하려면 한 우물을 파야 합니다. 한 우물을 파되 물이 나오기까지 파야 합니다. 이렇게 한 우물을 파는 것이 집중력입니다.

집중력이 없으면 공부도 잘할 수 없습니다. 집중력이 없이는 지각을 개발할 수 없습니다. 기억력과 창의력도 집중력이라는 터전에서 자랍니다. 집중력 없이는 문제 해결도 잘할 수 없습니다. 풍성한 열매를 맺는 비결 또한 집중력에 있습니다.

성경 암송은 집중력을 개발하도록 도와줍니다. 성경 암송은 뜻을 정한 데서 시작됩니다. 뜻을 정한다는 것은 집중한다는 의미입니다. 뜻을 정한다는 것은 목표를 정하고 그 목표를 위해 다른 것들을 내려놓는다는 의미입니다.

우리는 성경 암송을 통해 집중하는 훈련을 할 수 있습니다. 성경 암송은 짧은 한 말씀을 집중해서 마음에 새기는 일입니다. 짧은 말씀을 집중해서 암송할 때 몰입의 경지에 들어가게 됩니다. 성경 암송을 집중해서 하면 모든 일을 한꺼번에 하려는 잘못된 습관에서 벗어날 수 있습니다.

인간의 탁월함은 습관에 의해 결정됩니다. 우리의 미래는 습관에 의해 결정됩니다. 인간은 반복적인 연습을 통해 대가가 될 수 있습니다. 인간은 누구나 반복적인 훈련을 통해 탁월함에 이를 수 있습니다. 그렇기 때문에 우리는 좋은 습관을 갖도록 노력해야 합니다.

성경 암송을 통해 우리도 예수님처럼 거룩한 습관을 형성할 수 있습니다. 성경 암송으로 형성할 수 있는 거룩한 습관이란 집중하는 습관입니다. 집중하는 습관은 집중력을 강화시켜 줍니다. 집중력은 생각을 분산시키지 않고 정신을 응결시키는 능력입니다. 집중력은 부단한 훈련을 통해 충분히 증진시키고 발전시킬 수 있습니다.

한꺼번에 너무 많은 일을 하는 사람은 그 어느 것 하나에도 집중할 수 없습니다. 얼마나 많은 일을 시도하느냐보다 얼마나 많은 일을 성취하느냐가 중요합니다. 성취는 집중의 열매입니다. 큰일을 작게 나누어서 집중할 때 효과적으로 성취할 수 있습니다.

성경 암송을 통해 집중하는 습관을 키우십시오. 당신이 성경 암송을 통해 터득하게 되는 집중하는 습관은 당신의 미래를 아름답게 만들어 줄 것입니다.

암송을 위한 질문 ||||||||||||||||||||||||||||||||||

☑ 충만한 현재를 살지 못하게 하는 나의 염려는 무엇입니까?

☑ 내 마음속 염려를 사라지게 하는 성경 말씀이 있습니까? 그 성경 말씀을
  읽고 기도하면서 하나님의 세미한 음성을 들어 본 적이 있습니까?

☑ 나를 두려움에 빠지게 하는 일은 무엇입니까? 그 두려움을 없애기 위해
  성경 말씀을 암송한 적이 있습니까?

☑ 나는 어떤 일을 맞닥뜨릴 때 의지력이 약해집니까? 의지력이 약해질 때
  어떤 말씀이 나에게 힘이 됩니까?

☑ 나는 하나의 일에 집중하는 사람입니까, 여러 일을 한꺼번에 하는 사람
  입니까? 집중하는 습관을 키우기 위해 어떤 노력을 할 수 있을까요?

6장
미숙함을 버리고 말씀에 순종할 수 있다

사탄이 무서워하는 기도의 용장이 된다

예수님을 믿고 하나님의 자녀가 된 사람이 누리는 가장 큰 특권은 기도입니다. 기도는 천국 열쇠입니다. 예수님은 "내가 천국 열쇠를 네게 주리니 네가 땅에서 무엇이든지 매면 하늘에서도 매일 것이요 네가 땅에서 무엇이든지 풀면 하늘에서도 풀리리라"(마 16:19)고 말씀하셨습니다. 주님이 주신 천국 열쇠는 복음 사역을 위해 주신 기도의 열쇠입니다.

마태복음 18장 18-19절도 "진실로 너희에게 이르노니 무엇이든지 너희가 땅에서 매면 하늘에서도 매일 것이요 무엇이든지 땅에서 풀면 하늘에서도 풀리리라 진실로 다시 너희에게 이르노니 너희 중의 두 사람이 땅에서 합심하여 무엇이든지 구하면 하늘에 계신 내 아버지께서 그들을 위하여 이루게 하시리라"고 말씀합니다. 이처럼 기도는 매고 푸는 능력이 있습니다.

열쇠 맡은 자는 축복 받은 자입니다. 요셉은 열쇠 맡은 자였고,

다윗도 열쇠를 맡은 자였습니다. 예수님도 열쇠를 맡은 분이십니다 (계 3:7). 하나님은 아무에게나 열쇠를 맡기시지 않습니다. 충성되고 책임감 있는 자에게 열쇠를 맡기십니다. 하나님은 우리를 충성스럽게 보시고 천국 열쇠를 맡기셨습니다. 우리는 성실하고 책임감 있게 천국 열쇠를 사용해야 합니다.

우리는 기도의 열쇠를 통해 천국을 열고, 하나님의 마음을 열고, 또한 사람의 마음을 열 수 있습니다. 기도는 그리스도인의 특권이면서 의무입니다. 기도는 능력의 원천입니다. 귀신을 물리치는 능력의 근원입니다. 사탄이 제일 무서워하는 것이 기도입니다. 존 번연은 "기도는 영혼의 방패요, 하나님께 드리는 제물이며, 사탄을 향한 채찍이다"라고 말했습니다. 딕 이스트만은 "사탄은, 가장 연약한 성도일지라도 그가 기도의 제단 앞에 무릎 꿇는 것을 볼 때 벌벌 떤다"고 말했습니다.

사탄이 무서워 떠는 강력한 기도는 어떤 기도일까요? 하나님께 응답 받는 기도입니다. 그러면 하나님께 응답 받는 기도는 어떤 기도일까요? 그것은 하나님의 약속을 붙잡고 드리는 기도입니다. 성경에는 수많은 하나님의 약속들이 있습니다. 그 약속들을 우리 것으로 삼기 위해서는 먼저 성경 공부를 통해 그 약속들을 알아야 합니다. '아멘'으로 그 약속들을 우리 것으로 받아들여야 합니다. 바울은 "하나님의 약속은 얼마든지 그리스도 안에서 예가 되니 그런즉 그로 말미암아 우리가 아멘 하여 하나님께 영광을 돌리게 되느니라"(고후 1:20)고 말합니다.

고린도후서 1장 20절 말씀을 깊이 묵상해 보면 약속을 붙잡고 드리는 기도에 관한 말씀임을 알 수 있습니다. 하나님의 약속은 예수님 안에서 '예'가 됩니다. 우리가 예수님을 영접하고 주님 안에 거할 때, 주님 안에 있는 하나님의 약속은 모두 우리의 것이 됩니다. '우리가 아멘 하여 하나님께 영광을 돌린다'는 것은 예수님의 이름으로 기도를 드림으로써 하나님께 영광을 돌린다는 것입니다. '아멘'은 예수님의 이름입니다(계 3:14). 우리가 예수님의 이름으로 기도를 드릴 때 하나님이 영광을 받으십니다.

> 너희가 내 이름으로 무엇을 구하든지 내가 행하리니 이는 아버지로 하여금 아들로 말미암아 영광을 받으시게 하려 함이라 요 14:13

하나님의 약속을 많이 소유하는 길은 성경을 암송하는 것입니다. 그리고 그 말씀을 따라 기도할 때 우리는 놀라운 기도 응답을 받을 수 있습니다. 응답 받는 기도의 비결은 말씀 안에서 기도하는 것입니다. 예수님은 "너희가 내 안에 거하고 내 말이 너희 안에 거하면 무엇이든지 원하는 대로 구하라 그리하면 이루리라"(요 15:7)고 말씀하십니다. 성경의 약속을 따라 기도할 때 우리는 더욱 능력 있는 기도를 드릴 수 있습니다. 오랜 시간 동안 기도하고, 성령님 안에서 무시로 기도를 드릴 수 있습니다. 주님의 말씀을 따라 기도하는 사람은 기도의 용장입니다.

요동하지 않는 단단한 신앙인이 된다

제자 훈련에서 가장 중요한 영적 훈련은 성경 암송입니다. 매우 힘들긴 해도 훌륭한 영적 지도자라면 성경 암송을 강조하고 철저하게 점검해야만 합니다. 그 이유는 성경 암송을 통하지 않고는 그리스도의 제자가 될 수 없기 때문입니다. 요한복음 8장 31절을 보면 "그러므로 예수께서 자기를 믿은 유대인들에게 이르시되 너희가 내 말에 거하면 참으로 내 제자가 되고"라고 말씀합니다. 예수님의 말씀 안에 거할 때 예수님의 참 제자가 될 수 있습니다. 그러므로 성경 암송은 예수님의 제자가 되기 위해서 가장 근본이 되는 훈련입니다.

예수님의 제자는 변화하고 성숙하는 것이 그 목표입니다. 우리의 목표는 예수님의 장성한 분량이 충만한 데까지 이르는 것입니다. 에베소서 4장 13절을 보면 "우리가 다 하나님의 아들을 믿는 것과 아는 일에 하나가 되어 온전한 사람을 이루어 그리스도의 장성한 분량이 충만한 데까지 이르리니"라고 말씀합니다.

예수님처럼 성숙하기 위해서는 어린아이의 미숙함을 벗어 버려야 합니다. 미숙한 어린아이의 특징은 요동함에 있습니다(엡 4:14). 어린아이의 문제는 쉽게 유혹에 빠진다는 데 있습니다. 모든 교훈의 풍조에 밀려 요동하는 경향이 있습니다.

그렇다면 왜 요동하는 것일까요? 그것은 모든 교훈의 풍조에 대한 분별력이 부족하기 때문입니다. 요동하지 않기 위해서는 신앙의 기초가 튼튼해야 합니다. 또한 신앙의 집을 세우는 뼈대가 견고해야 합니다. 신앙의 체계가 똑바로 굳게 서야 합니다. 신앙의 체계를 세우기 위해서는 성경 공부를 해야 합니다. 또한 성경 공부를 통해서 배운 가장 핵심 되는 진리를 암기해야 합니다. 그 진리와 관계된 성경 말씀들을 주제별로 암송하고 있어야 합니다. 그때 비로소 흔들리지 않는 그리스도의 제자로 성장하게 됩니다.

성경 말씀을 암송하는 사람은 생각하는 훈련이 되어 있습니다. 생각을 깊이 할 줄 압니다. 생각을 깊이 할 때 체계가 잡히고, 그 체계는 흔들리지 않는 사상이 됩니다. 그리고 그 사상이 깊어질 때 견고한 신앙인의 철학이 됩니다.

성경 암송을 통해 성경의 핵심 되는 주제를 가슴에 품고 있는 사람은 쉽게 흔들리지 않습니다. 문제가 생겨도 쉽게 시험에 들지 않습니다. 성경 전체의 시각에서 문제를 해석하고, 문제를 교육의 기회로 보기 때문입니다. 시험을 대하는 태도가 적극적이고 긍정적입니다. 모든 이론과 생각이 예수님께 사로잡혀 있습니다.

미숙한 사람과 성숙한 사람은 말하는 것과 깨닫는 것과 생각하는 것에서 구별될 수 있습니다. 바울도 "내가 어렸을 때에는 말하는 것이 어린아이와 같고 깨닫는 것이 어린아이와 같고 생각하는 것이 어린아이와 같다가 장성한 사람이 되어서는 어린아이의 일을 버렸노라"(고전 13:11)고 말했습니다. 어린아이처럼 순수하고 겸손한 마음을 우리가 버려서는 안 됩니다.

그러나 어린아이에게는 미련한 것이 얽혀 있습니다. 잠언 22장

15절은 "아이의 마음에는 미련한 것이 얽혔으나 징계하는 채찍이 이를 멀리 쫓아내리라"고 말씀합니다. 미련한 것을 쫓아내도록 도와주는 채찍 역할을 성경 암송이 해줍니다. 성경 말씀은 우리를 교훈하고 책망하고 바르게 해줍니다(딤후 3:16).

신앙이 흔들릴 때는 거듭 성경으로 돌아가서, 성경 암송을 통해 심령의 성숙을 도모하십시오.

강렬하고 화사한 유혹을 이길 수 있다

역경을 이기는 것보다 더욱 어려운 일은 번영을 이기는 것입니다. 역경의 때보다 번영의 때에 우리는 시험을 받습니다. 다윗이 쓰러진 것도 바로 번영의 최고봉에 섰을 때였습니다. 우리가 어떤 사람인가는 번영의 때에 판가름납니다. 번영의 때는 유혹의 때입니다. 항상 그렇지는 않지만 역경은 인간을 성숙하게 하고, 번영은 인간을 부패하게 만드는 경향이 있습니다. 역경 속에 성공의 씨앗이 담겨 있는 것처럼 번영 속에 실패의 씨앗이 담겨 있습니다.

유혹은 우리 밖에서가 아니라 안에서 시작됩니다. 우리 안에 있는 유혹의 씨앗이 밖에서 유혹을 불러오는 것입니다. 마치 오물이 파리를 불러들이듯이 우리 내면에 있는 부패한 욕심이 유혹을 불러들입니다. 야고보서 1장 14절은 "오직 각 사람이 시험을 받는 것은 자기 욕심에 끌려 미혹됨이니"라고 말씀합니다. 미혹되었다는 것은 우리 안에 있는 자기 욕심에 끌려 유혹되었다는 의미입니다. 욕심이 잉태함으로 죄를 낳고 죄가 장성함으로 사망을 낳게 됩니다(약 1:15).

인간의 기본적인 욕망이 나쁜 것은 아닙니다. 문제는 인간의 기본 욕구가 잘못된 방향으로 흐를 때입니다. 잘못된 시기와 잘못된 방법이 문제가 됩니다. 유혹을 받을 때 가장 중요한 것은 분별력입니다. 올바른 분별력을 가지고 있을 때 올바르게 반응할 수 있습니다. 성경 암송이 주는 유익은 다름이 아니라 올바른 분별력을 가질 수 있도록 도와준다는 것입니다. 분별력을 상실하는 순간, 우리는 유혹에 빠집니다. 유혹은 화려합니다. 충동적입니다. 강렬합니다. 관능적입니다. 솟구치는 감성으로 이성을 마비시키는 것이 유혹입니다.

유혹이 강렬해질 때, 인간은 죄의 결과를 보는 시력을 상실합니다. 유혹의 결과는 무섭습니다. 잠언 6장 26절은 "음녀로 말미암아 사람이 한 조각 떡만 남게 됨이며 음란한 여인은 귀한 생명을 사냥함이니라"고 말씀합니다. 음녀의 유혹을 받은 사람의 모습이 한 조각 떡과 같다고 설명합니다. 인간이 죄의 결과를 미리 볼 수만 있다면 쉽게 유혹에 빠지지 않을 것입니다.

유혹은 아주 작게 시작되는 특징이 있습니다. 눈에 드러나게 공격해 오는 것이 아니라 아주 작게, 보이지 않는 작은 손길로 접근한다는 뜻입니다. 그러나 그 작은 유혹에 잘못 반응할 때 엄청난 결과가 뒤따릅니다. 베드로가 예수님을 세 번이나 배반한 것은 로마 병

정들 앞이 아니었습니다. 작은 여종들 앞에서였습니다. 그래서 우리는 작은 유혹, 작은 욕망의 씨앗을 경계해야 합니다. 아가 2장 15절은 "우리를 위하여 여우 곧 포도원을 허는 작은 여우를 잡으라 우리의 포도원에 꽃이 피었음이라"고 말씀합니다.

강렬하고도 화사한 유혹을 이기는 길은 성경 암송에 있습니다. 암송을 통해 예리한 분별력을 개발해야 합니다. 요셉은 말씀으로 단련되어 있었기에 유혹을 이길 수 있었습니다. 시편은 요셉에 대해 이렇게 기록하고 있습니다.

곧 여호와의 말씀이 응할 때까지라 그의 말씀이 그를 단련하였도다

시 105:19

요셉은 말씀으로 훈련된 이성의 눈으로 유혹의 순간에 하나님의 눈을 바라보았습니다.

유혹을 이길 수 있는 길은 성경을 마음에 새기는 데 있습니다. 시편 기자의 고백을 들어 보십시오.

청년이 무엇으로 그의 행실을 깨끗하게 하리이까 주의 말씀만 지킬 따름이니이다 시 119:9

내가 주께 범죄하지 아니하려 하여 주의 말씀을 내 마음에 두었나이다 시 119:11

성경 암송을 통해 주님의 말씀을 우리 마음에 두어야 합니다. 잘 박힌 성전의 못처럼 우리 마음의 성전에 말씀을 잘 박아 두어야 합니다. 성경 암송은 유혹을 이길 수 있는 영원한 원리입니다.

사탄의 화살을 막을 수 있다

훈련된 그리스도의 제자는 영적 분별력을 가지고 있습니다. 영적 세계관을 소유하고 있습니다. 영의 세계를 알고, 영의 움직임을 압니다. 영적 지식을 가지고 있습니다. 우리가 소유해야 할 영적 지식 가운데 하나는 우리가 영적 전쟁 속에 살고 있음을 인식하는 것입니다.

영의 세계에는 성령의 역사와 함께 악령의 역사가 있습니다. 예수님을 믿는 순간 우리 안에 성령님이 들어오십니다. 그때 우리는 영의 세계에 눈뜨기 시작합니다. 그리고 악한 영들과의 전쟁이 시작됩니다. 사도 바울은 "우리의 씨름은 혈과 육을 상대하는 것이 아니요 통치자들과 권세들과 이 어둠의 세상 주관자들과 하늘에 있는 악의 영들을 상대함이라"(엡 6:12)고 말합니다.

예수님이 이 땅에 오신 중요한 이유 중 하나는 마귀의 일을 멸하시기 위해서입니다. 성경은 "죄를 짓는 자는 마귀에게 속하나니 마귀는 처음부터 범죄함이라 하나님의 아들이 나타나신 것은 마귀의 일을 멸하려 하심이라"(요일 3:8)고 말씀합니다. 사탄은 유혹자입니다. 진리를 왜곡시키는 자입니다. 사탄은 분리자입니다. 사람들로 하여금 죄를 짓게 해서 사망을 가져오게 한 원흉이요, 우리의 대적 입니다. 이 사탄을 물리치시기 위해 예수님이 오셨습니다.

대적 마귀는 믿는 자들을 우는 사자같이 공격하고 있습니다. 그 래서 사도 베드로는 "근신하라 깨어라 너희 대적 마귀가 우는 사자 같이 두루 다니며 삼킬 자를 찾나니 너희는 믿음을 굳건하게 하여 그를 대적하라…"(벧전 5:8-9)고 말했습니다.

그렇다면 영적 전쟁에서 어떻게 승리할 수 있습니까? 하나님의 말씀을 암송함으로 가능합니다. 예수님은 광야에서 마귀에게 시험 받으실 때 암송한 말씀으로 승리하셨습니다. 거듭 "기록되었으되" 라는 말씀으로 마귀를 이기셨습니다(마 4:1-11). 마태복음 8장 16절 을 보면 "저물매 사람들이 귀신 들린 자를 많이 데리고 예수께 오거 늘 예수께서 말씀으로 귀신들을 쫓아 내시고 병든 자들을 다 고치 시니"라고 말씀합니다. 예수님은 말씀으로 귀신도 물리치셨습니다. 예수님은 성경에 통달하셨고, 말씀을 암송하고 계셨습니다. 말씀을 주제별로 암송하셨습니다. 또한 말씀을 사용하실 줄 아셨습니다. 예수님은 다양한 주제로 유혹하는 사탄을 주제별 말씀으로 물리치 셨습니다.

사탄은 주로 생각을 통해 역사합니다. 사탄은 예수님을 판 가룟 유다에게 예수님을 팔려는 생각을 집어넣었습니다(요 13:2). 그렇기 때문에 우리는 생각을 잘 관리해야 하며, 생각으로 역사하는 사탄 을 암송한 말씀을 가지고 물리쳐야 합니다.

사탄이 우리를 공격할 때 주로 사용하는 화살은 의심, 두려움, 혼돈, 좌절, 죄책감, 열등의식, 무능력, 음란한 생각 그리고 염려입니다. 이러한 사탄의 화전을 이기는 길은 믿음입니다. 믿음의 방패로 악한 자의 화전을 소멸할 수 있습니다(엡 6:16). 그리고 사탄을 물리치는 공격 무기는 말씀입니다. 하나님의 말씀은 성령의 검입니다(엡 6:17). 영적 전쟁에서 승리하는 성도가 되기 위해서는 말씀이 우리 안에 거하도록 해야 합니다. 사도 요한은 악한 자를 이긴 청년들의 모습을 다음과 같이 말합니다.

청년들아 내가 너희에게 쓴 것은 너희가 강하고 하나님의 말씀이 너희 안에 거하시며 너희가 흉악한 자를 이기었음이라 요일 2:14 하

흉악자를 이긴 청년들처럼 당신 안에 말씀이 충만하게 하십시오. 성경 암송이 영적 전쟁에서 승리하는 비결임을 절실히 깨닫고 말씀을 암송하십시오. 말씀을 암송하되 주제를 생각하며 암송하십시오. 주제별로 공격하는 사탄의 화살을 막기 위해 주제별로 성경을 암송하도록 하십시오. 암송한 말씀을 자주 사용하십시오. 성경 암송으로 영적 전쟁에서 승리하는 그리스도의 군사가 되길 바랍니다.

성경 암송과 거룩한 습관

영적 기근의 때를 잘 준비할 수 있다

성경 암송을 많이 해둔 사람은 영적 기근의 때를 잘 준비한 사람입니다. 밀물과 썰물이 있는 것처럼, 인생에도 항상 풍년의 때만 있는 것이 아닙니다. 가끔 기근의 때가 찾아옵니다. 영적 세계도 마찬가지입니다. 항상 풍성한 말씀이 있는 것이 아니라, 말씀을 듣지 못해 기갈을 경험할 때가 있습니다. 아모스는 "주 여호와의 말씀이니라 보라 날이 이를지라 내가 기근을 땅에 보내리니 양식이 없어 주림이 아니며 물이 없어 갈함이 아니요 여호와의 말씀을 듣지 못한 기갈이라"(암 8:11)고 말합니다.

요즘은 말씀의 홍수 시대라 할 수 있습니다. 그럼에도 불구하고 말씀에 목말라하는 사람들이 있습니다. 홍수가 나면 오히려 식수가 가장 부족하듯이, 말씀이 차고 넘쳐도 먹고 마실 것이 없어 고통받는 사람들이 있습니다. 성경 암송을 꾸준히 하는 사람은 미래를 준비하는 지혜로운 사람입니다. 그런 사람은 홍수 때를 위해 식수를 충분히 준비한 사람과 같습니다.

기근을 잘 준비한 사람 가운데 대표적 인물이 요셉입니다. 요셉은 바로의 꿈을 해석하면서 하나님이 애굽 땅에 7년 풍년과 7년 기근을 보내실 것을 알았습니다(창 41:29-31). 요셉은 바로에게 풍년의 때에 지혜로운 사람을 선택해서 장차 다가올 7년의 기근을 준비하라고 부탁했습니다(창 41:33-36).

요셉은 기근의 때를 준비할 줄 알았습니다. 정말 지혜로운 사람은 기근의 때에 오히려 풍성함을 보이고, 환난의 때에 강한 사람입니다. 잠언 24장 10절을 보면 "네가 만일 환난 날에 낙담하면 네 힘이 미약함을 보임이니라"고 말씀합니다. 그러므로 우리는 여름에 겨울을 준비하는 개미와 같이 미래를 준비해야 합니다(잠 30:25).

제이콥 드쉐이저는 제2차 세계대전 당시 도쿄에 첫 폭격이 가해졌을 때 일본인에게 추락당한 미국 비행기의 조종사였습니다. 포로가 된 지 몇 달 후, 그는 단 3주 동안만 성경을 빌려 볼 수 있다는 정보를 들었습니다. 그는 기독교 가정에서 자랐지만 예수님에 대해 진지하게 생각해 본 적이 없었습니다. 그러나 감옥에서 단조롭고 외로운 시간을 많이 보낸 후 성경을 받아서 그것을 탐독하기 시작했습니다. 그는 며칠 동안 불빛만 있으면 성경 읽기에 몰두했습니다. 그러다가 그는 마침내 하나님 앞에서 자신이 죄인임을 깨달았습니다. 예수님이 십자가에서 희생당하심으로 자신의 죄의 대가가 치러졌음을 깨달았습니다. 그는 감방에서 성경을 읽으며 홀로 하나님을 만났고 예수님을 구주로 영접했습니다.

그는 곧 성경을 빼앗길 것을 알았기 때문에 가능한 한 많은 구절을 암송하기로 결심했습니다. 위대한 사랑 장(章)인 고린도전서 13장과 하나님께 순종하고 이웃을 사랑하라는 내용의 다른 구절들을 암기했습니다. 말씀을 암송하고 묵상하면서 그는 그리스도인이 되었으며, 주님은 자신의 순종을 원하신다는 사실을 깨달았습니다. 그 순종은 원수를 사랑하는 것까지 포함된다는 사실을 알았습니다.

성경 암송과 거룩한 습관

제이콥은 성경 암송을 통해 그를 괴롭히는 감시원까지 사랑할 수 있게 되었습니다. 그리고 그의 마음에 새긴 구절들은 독방에서 보내는 14개월 동안 그에게 큰 힘과 위로가 되었습니다.

_ 제임스 브라가, 《말씀을 내 마음에》, 죠이선교회, 22-24쪽

제이콥처럼 기근의 때를 위해 말씀을 암송하는 지혜자가 되십시오. 또한 기근을 맞이한 사람들에게 말씀을 나누어 주는 지혜로운 청지기가 되십시오(눅 12:42).

암송을 위한 질문 ||||||||||||||||||||||||||||||||||

☑ 하나님의 약속을 붙들며 기도하는것이 강력한 기도임을 믿습니까? 말씀
  안에서 기도하여 응답받은 경험이 있습니까?

☑ 나의 신앙이 흔들리고 요동칠 때 성경 말씀이 나를 붙잡아 준 적이 있습
  니까?

☑ 나는 어떤 유혹에 잘 넘어갑니까? 그런 유혹을 뿌리칠 수 있게 하는 강력
  한 성경 말씀을 마음에 두고 있습니까?

☑ 마귀의 시험을 받을 때 내가 붙들고 외우는 말씀이 있습니까?

☑ 인생에 있어서 기근의 때를 겪은 적이 있습니까? 그때 나에게 힘을 주었
  던 성경 말씀이 있습니까?

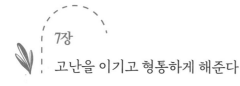

7장
고난을 이기고 형통하게 해준다

고난을 성숙의 기회로 만든다

인생에는 사계절이 있습니다. 인생에는 일정한 흐름이 있습니다. 형통의 때가 있고 고통의 때가 있습니다. 솔로몬은 "형통한 날에는 기뻐하고 곤고한 날에는 되돌아 보아라 이 두 가지를 하나님이 병행하게 하사 사람이 그의 장래 일을 능히 헤아려 알지 못하게 하셨느니라"(전 7:14)고 말했습니다. 성경 암송은 곤고한 날에 깊이 생각할 수 있도록 도와줍니다. 성경 암송은 우리의 생각을 깊게 해주어서 고난에 대한 올바른 마음가짐과 태도와 시각을 갖도록 도와줍니다. 고난의 순간에 순발력 있게 생각하고 분별할 수 있도록 도와줍니다.

인생에서 승리하려면 고난의 때를 잘 통과해야 합니다. 고난에는 예외가 없습니다. 하나님의 사람들에게도 고난은 찾아옵니다. 예수님도 고난을 받으셨습니다(히 5:8). 우리도 경험했듯이 고난은 한 번만 오는 것이 아닙니다. 그러므로 고난의 때를 잘 준비해야 합니다.

고난은 인생의 위기입니다. 고통스러운 것입니다. 그러나 고난의 신비는 우리가 이에 어떻게 반응하느냐에 따라 그 결과가 달라진다는 데 있습니다. 고난 때문에 더 잘된 사람이 있는 반면, 고난 때문에 쓰러진 사람도 있습니다.

성경 암송은 고난을 잘 통과할 수 있도록 도와줍니다. 고난을 이기는 길은 고난을 보는 시각에 있습니다. 성경은 고난을 긍정적으로 볼 수 있도록 도와줍니다. 고난보다 고통스러운 것은 고난의 의미를 깨닫지 못하는 것입니다. 고난의 의미를 깨달을 수 있다면 고난을 넉넉히 이길 수 있습니다. 성경 암송은 고난의 의미를 발견할 수 있도록 도와줍니다.

저는 고난을 통과하면서 성경 암송의 능력을 경험했습니다. 제가 고난을 통과할 때 가장 도움이 되었던 성경 암송 구절은 야고보서 1장 2-4절입니다.

2 내 형제들아 너희가 여러 가지 시험을 당하거든 온전히 기쁘게 여기라 3 이는 너희 믿음의 시련이 인내를 만들어 내는 줄 너희가 앎이라 4 인내를 온전히 이루라 이는 너희로 온전하고 구비하여 조금도 부족함이 없게 하려 함이라

고난을 통과할 때 중요한 것은 고난을 대하는 태도입니다. 야고보는 고난을 통과할 때 "온전히 기쁘게 여기라"고 말합니다. 또한 그는 고난이 우리를 성숙시키는 하나님의 도구라고 말합니다. 고난

이란 온전하고 구비하여 조금도 부족함이 없도록 우리를 성숙시켜 주는 하나님의 변장된 축복이라는 것입니다.

고난에는 하나님의 뜻이 있습니다. 고난 속에 나타난 하나님의 뜻은 우리가 고난을 통해 예수님의 모습을 닮아 가는 것입니다(롬 8:29). 고난은 우리를 훈련하고 연단하는 용광로와 같습니다. 고난은 우리에게 교훈을 주는 스승입니다. 우리는 고난 중에 하나님의 말씀을 더욱 잘 깨닫게 됩니다. 더욱 잘 순종하게 됩니다. 시편 119편 67절은 "고난당하기 전에는 내가 그릇 행하였더니 이제는 주의 말씀을 지키나이다"라고 말씀합니다. 고난은 우리를 같은 자리에 두지 않습니다. 고난은 우리를 그리스도의 장성한 분량에 이르기까지 성장하도록 도와줍니다.

고난을 통과할 때 중요한 것은 능력입니다. 암송한 말씀은 고난의 때에도 하나님의 뜻을 발견하고 춤출 수 있도록 능력을 줍니다. 시편 기자는 "주의 법이 나의 즐거움이 되지 아니하였더면 내가 내 고난 중에 멸망하였으리이다"(시 119:92)라고 고백합니다. 암송한 말씀은 고난 중에도 우리의 즐거움이 됩니다. 살아 있는 능력이 됩니다. 고난 중에도 모든 것을 합력하여 선을 이루시는 하나님의 전체 그림을 보면서 오히려 감사할 수 있도록 도와줍니다(롬 8:28).

고난이라는 불청객을 두려워하지 마십시오. 오히려 담대히 환영함으로써 고난을 성숙의 기회로 삼으십시오.

하나님의 인도를 받는다

하나님 아버지는 우리를 사랑하시기 때문에 우리를 인도하길 원하십니다. 때때로 인도하기를 원하시는 것이 아니라 항상 인도하길 원하십니다. 하나님의 인도를 받게 될 때, 우리는 물 댄 동산 같은 풍성한 복을 누리게 됩니다. 이사야 58장 11절을 보면 "여호와가 너를 항상 인도하여 메마른 곳에서도 네 영혼을 만족하게 하며 네 뼈를 견고하게 하리니 너는 물 댄 동산 같겠고 물이 끊어지지 아니하는 샘 같을 것이라"고 말씀합니다.

하나님의 인도를 항상 받아 풍성한 삶을 누릴 수 있는 길이 성경 암송입니다. 다윗은 "주의 말씀은 내 발에 등이요 내 길에 빛이니이다"(시 119:105)라고 고백합니다. 그는 하나님의 말씀을 어두운 밤에 길을 밝히는 등처럼, 등불에서 나오는 빛처럼 자기 인생의 인도자로 믿었습니다. 다윗의 시를 보면 그가 얼마나 말씀으로 인도받기 원했는지 알 수 있습니다. "주의 진리로 나를 지도하시고 교훈하소서 주는 내 구원의 하나님이시니 내가 종일 주를 기다리나이다"(시 25:5). 또한 아삽도 시편에서 "주의 교훈으로 나를 인도하시고 후에는 영광으로 나를 영접하시리니"(시 73:24)라고 고백합니다.

하나님의 사람은 하나님의 말씀을 통해 인도받아야 합니다. 우리의 명철과 경험이 아닌 하나님의 말씀으로 인도받도록 힘써야 합니다. 제가 예수님을 영접한 이후에 암송했던 말씀 중 하나가 잠언 3장 5-6절입니다.

너는 마음을 다하여 여호와를 신뢰하고 네 명철을 의지하지 말라 너는 범사에 그를 인정하라 그리하면 네 길을 지도하시리라

범사에 하나님의 말씀으로 인도받지 않을 때 우리는 우리의 명철과 경험을 의지하게 됩니다. 인생의 경험은 소중합니다. 우리는 과거의 경험을 통해 교훈과 지혜를 얻게 됩니다. 그러나 과거의 경험은 아무것도 보지 못하게 하는 장애물이 될 수 있습니다. 경험이 고정관념이 되고 아집이 될 때, 그것은 대단히 위험합니다. 베드로는 밤이 새도록 수고했지만 고기를 하나도 잡지 못했습니다. 그런데 자신의 경험을 의지하지 않고 주님의 말씀에 순종했을 때는 많은 고기를 잡을 수 있었습니다. 여기서 우리는 베드로가 고기를 많이 잡았다는 것보다 그의 눈이 열려 존귀하신 예수님을 바로 알아볼 수 있었다는 사실에 더 집중해야 합니다.

우리는 매일 아침, 말씀을 읽고 하나님의 음성을 들음으로써 하루를 인도받을 수 있습니다. 그러나 성경을 암송하고 주야로 말씀을 묵상한다면 우리는 매순간 하나님의 인도를 받을 수 있습니다. 주일 예배 때 받은 말씀과 아침에 읽은 말씀이 매순간 우리를 인도하도록 하기 위해서는 그 말씀을 마음에 새기고 그 말씀에 주의를 기울여야 합니다. 그때 우리는 매순간 하나님 말씀의 인도를 받을 수 있습니다.

우리가 성경을 많이 암송하고 있을 때는 위기 상황에서도 성령님의 인도를 받을 수 있습니다. 예수님은 "너희를 넘겨 줄 때에 어떻

게 또는 무엇을 말할까 염려하지 말라 그때에 너희에게 할 말을 주시리니 말하는 이는 너희가 아니라 너희 속에서 말씀하시는 자 곧 너희 아버지의 성령이시니라"(마 10:19-20)고 말씀하셨습니다.

위기의 순간에 성령님이 어떻게 우리에게 말씀을 주실까요? 우리가 암송한 말씀을 생각나게 하심으로써 말씀을 주십니다. 요한복음 14장 26절을 보면 "보혜사 곧 아버지께서 내 이름으로 보내실 성령 그가 너희에게 모든 것을 가르치고 내가 너희에게 말한 모든 것을 생각나게 하리라"고 말씀합니다.

성경을 암송함으로써 항상 성령님의 인도를 받으십시오. 하나님의 말씀을 사랑하는 자에게 약속하신 시편 119편 165절을 늘 마음에 새기면서 성경을 암송하십시오.

주의 법을 사랑하는 자에게는 큰 평안이 있으니 그들에게 장애물이 없으리이다

하나님께 귀히 쓰임받도록 거룩하게 해준다

하나님은 모든 사람을 사랑하십니다. 그리고 예수님을 영접한 모든 사람을 귀하게 사용하길 원하십니다. 그러나 안타깝게도 모든 사람이 요긴하게 쓰임받지 못하는 것이 현실입니다. 이는 하나님께 책임이 있는 것이 아닙니다. 하나님은 우리가 준비된 만큼 우리를 사

용하십니다. 우리가 준비될 때 하나님은 우리에게 일을 맡기십니다.

하나님은 우리에게 일할 수 있는 기회를 주십니다. 우리는 그 기회를 따라 일할 수 있도록 준비해야 합니다. 하나님의 기회와 우리의 준비가 만날 때 사역의 열매를 맺게 됩니다. 하나님의 기회가 찾아왔을 때 준비된 사람만이 그 기회를 알아보고, 그 기회를 붙잡을 수 있습니다. 우리가 하나님께 쓰임받기 위해서는 준비된 그릇이 되어야 합니다. 우리를 준비시켜 주는 가장 중요한 영성 훈련이 바로 성경 암송입니다.

성경 암송은 우리가 하나님께 귀하게 쓰임받도록 우리를 거룩하게 해줍니다. 하나님은 깨끗한 그릇을 귀히 사용하십니다. 바울은 "큰 집에는 금 그릇과 은 그릇뿐 아니라 나무 그릇과 질그릇도 있어 귀하게 쓰는 것도 있고 천하게 쓰는 것도 있나니 그러므로 누구든지 이런 것에서 자기를 깨끗하게 하면 귀히 쓰는 그릇이 되어 거룩하고 주인의 쓰심에 합당하며 모든 선한 일에 준비함이 되리라"(딤후 2:20-21)고 말합니다. 우리가 암송한 성경 말씀이 우리를 깨끗하게 해줍니다.

말씀과 죄는 함께 갈 수 없습니다. 죄가 있는 곳에 말씀이 머물 수 없고, 말씀이 역사하는 곳에 죄가 머물 수 없습니다. 말씀은 우리의 죄를 드러내고, 우리의 죄를 씻어 내고, 우리를 거룩하게 해줍니다. 예수님은 제자들에게 "너희는 내가 일러준 말로 이미 깨끗하였으니"(요 15:3)라고 말씀하셨습니다. 또한 "그들을 진리로 거룩하게 하옵소서 아버지의 말씀은 진리니이다"(요 17:17)라고 하시며 중보 기도를 드리셨습니다. 우리 안에 말씀이 거할 때 우리 영혼의 그릇이 깨끗해지고, 하나님이 긴요하게 사용하실 수 있게 됩니다.

성경 암송을 통해 우리가 말씀을 붙잡을 때 말씀이 우리를 붙잡아 줍니다. 우리가 말씀에 붙잡힐 때 하나님이 우리를 붙잡아 주십니다. 하나님은 말씀을 버린 자는 버리셨지만(삼상 15:23) 말씀을 최우선에 두었던 사도들은 존귀하게 사용하셨습니다(행 6:2).

성경 암송을 통해 말씀 충만을 받으면 성령님의 능력을 강하게 경험합니다. 말씀이 역사하는 곳에 성령님이 함께 역사하십니다. 말씀과 성령님은 함께 갑니다. 예수님은 "하나님이 보내신 이는 하나님의 말씀을 하나니 이는 하나님이 성령을 한량없이 주심이니라"(요 3:34)고 말씀하십니다. 또한 요한복음 6장 63절에서는 "살리는 것은 영이니 육은 무익하니라 내가 너희에게 이른 말은 영이요 생명이라"고 말씀하십니다.

성령 충만은 곧 말씀 충만입니다. 말씀 충만과 함께 따라오는 것이 지혜입니다. 말씀 충만은 곧 지혜 충만입니다. 말씀 속에 지혜가 있고, 성령님은 지혜의 신이십니다(사 11:2).

골로새서 3장 16절은 "그리스도의 말씀이 너희 속에 풍성히 거하여 모든 지혜로 피차 가르치며 권면하고 시와 찬송과 신령한 노래를 부르며 감사하는 마음으로 하나님을 찬양하고"라고 말씀합니다. 성경 암송을 통해 그리스도의 말씀이 우리 속에 풍성히 거할 때 모든 지혜로 피차 가르치며 권면하게 됩니다. 성경 암송은 우리를 하나님께 귀하게 쓰임받도록 준비시켜 주는 소중한 영성 훈련입니다.

형통한 자가 되어 사명을 완수할 수 있다

성경 암송을 하면 형통한 자가 되는 축복을 받습니다. 하나님의 사람은 성경적 원리에 따라 형통해야 합니다. 성경에서 말하는 형통이란 하나님이 맡기신 과업을 성취하는 것입니다. 여호수아의 형통은 가나안 땅을 정복하는 것이었습니다. 솔로몬의 형통은 성전을 건축하는 것이었습니다(대상 22:11). 느헤미야가 형통을 위해 기도했을 때, 그것은 예루살렘 성벽을 재건하는 일이었습니다(느 1:11).

성경적 형통이란, 단순히 번영하고 잘되는 것 이상의 의미를 가지고 있습니다. 진정한 형통은 하나님이 주신 재능과 은사를 발견하고 개발해서 하나님의 과업을 성취하는 것입니다. 성경적 형통의 원리는 말씀 묵상에 있습니다. 말씀 묵상의 뿌리는 성경 암송입니다. 성경 암송이 없는 말씀 묵상은 불가능합니다. 결국 성경 암송이 성경적 형통의 비결입니다.

여호수아 1장 8절은 "이 율법책을 네 입에서 떠나지 말게 하며 주야로 그것을 묵상하여 그 안에 기록된 대로 다 지켜 행하라 그리하면 네 길이 평탄하게 될 것이며 네가 형통하리라"고 말씀합니다. 모든 형통의 시작은 생각에 있습니다. 형통하는 생각이 형통을 창조합니다. 에머슨은 "생각이 열쇠다"라고 말했습니다. 생각은 결과를 낳고, 열매를 맺게 되어 있습니다.

생각은 씨앗과 같습니다. 좋은 생각의 씨앗을 품으면 좋은 열매를 맺습니다. 생각은 미래를 창조합니다. 생각은 우리의 마음을 변화시키고, 우리의 환경을 새롭게 창조해 냅니다. 생각은 에너지입니다. 생각은 진동합니다. 파장을 일으킵니다. 미래를 창조하는 생각에 영향을 끼치는 것이 성경 암송입니다. 성경 암송은 형통하는 생각을 갖도록 도와줍니다.

하나님은 모세를 세우셔서 이스라엘 민족을 애굽에서 인도하실 때부터 차세대 지도자로 여호수아를 생각하셨습니다. 출애굽기 17장에 나오는 이스라엘 민족과 아말렉의 전투는 모든 영적 전쟁의 모형입니다. 모세는 기도로 그 전쟁에서 승리했습니다. 그때 하나님은 그 전투의 비법을 율법책에 기록해서 여호수아의 귀에 외워 들리라고 말씀하셨습니다. 출애굽기 17장 14절을 보십시오.

여호와께서 모세에게 이르시되 이것을 책에 기록하여 기념하게 하고 여호수아의 귀에 외워 들리라 내가 아말렉을 없이하여 천하에서 기억도 못하게 하리라

하나님이 여호수아를 훈련시킬 때 가장 중요하게 여기셨던 것은 생각의 훈련입니다. 하나님은 모든 승리가 생각에서 출발한다는 사실을 아셨습니다. 생각이 훈련되지 않고는 형통할 수 없고, 훌륭한 지도자가 될 수 없음을 아셨습니다. 영적 전쟁에서 승리할 수 없음을 아셨습니다. 그래서 "여호수아의 귀에 전쟁에서 승리하는 비결을 외워 들리라"고 하셨습니다. 영적 전쟁에서 승리하는 비결이 그의 존재와 생각에 스며들게 하셨습니다. 여호수아는 승리의 비결을

암송함으로써 승리 의식과 형통 의식을 가진 지도자로 성장할 수 있었습니다.

여호수아처럼 성경 암송과 묵상을 통해 생각이 훈련된 하나님의 사람은 형통한 자가 됩니다. 형통보다 더 중요한 것은 형통한 자가 되는 것입니다. 일회용 형통이 아니라 시대와 장소를 초월해서 늘 형통하는 것이 더 중요합니다. 그러기 위해서는 '형통한 자'가 되어야 합니다.

형통한 자가 되기 위해서는 하나님이 함께하셔야 합니다. 하나님이 요셉과 함께하실 때 그는 형통한 자가 되었습니다(창 39:2). 하나님이 여호수아와 함께하실 때 그의 명성이 온 땅에 퍼졌습니다(수 6:27).

그렇다면 하나님은 어떻게 우리와 함께하실까요? 그것은 말씀을 통해서입니다. 하나님은 말씀이십니다(요 1:1). 그러므로 말씀과 동행할 때 하나님과 동행하는 것입니다. 우리는 성경 암송을 통해 하나님과 동행하고, 형통한 자가 되어 하나님이 맡기신 과업을 성취하게 되는 것입니다.

암송을 위한 질문 ||||||||||||||||||||||||||||||||||||||||

☑ 나는 그동안 고난을 어떻게 받아들였습니까? 내가 고난의 때를 잘 통과하고 한층 성숙할 수 있도록 이끈 성경 말씀이 있습니까?

☑ 하나님 아버지가 나를 '항상' 인도하길 원하십니까? 하나님의 말씀으로 인도함 받은 것을 나누어 보세요.

☑ 하나님께 쓰임받기 위해 나는 어떤 노력을 하고 있습니까? 나는 말씀 충만으로 지혜롭고 깨끗한 준비된 그릇으로 성장하고 있습니까?

☑ 나는 성경 말씀으로 생각의 훈련을 하고 있습니까? 모든 일에 형통한 사람이 되기 위해서 무엇부터 해야 할까요?

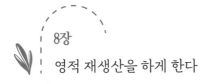

8장
영적 재생산을 하게 한다

자녀 마음에 말씀을 새길 수 있다

자녀를 잘 양육하려면 자녀의 마음을 목양해야 합니다. 테드 트립은 마음을 목양하는 자녀 교육의 중요성에 대해 다음과 같이 말합니다.

마음은 생명의 근원이다. 그러므로 자녀 교육은 마음을 목양하는 것과 관련되어 있다. 부모는 자녀들을 위해 겉으로 드러난 행동에서 마음의 문제를 읽고, 마음 다루는 것을 배워야 한다. 간단히 말해, 부모는 아이들을 그저 야단만 칠 것이 아니라 그들의 마음을 인도하는 법을 배워야 한다.

_테드 트립, 《마음을 다루면 자녀의 미래가 달라진다》, 디모데, 21쪽

성경 암송은 자녀들의 마음을 목양하는 데 가장 탁월한 교육법입니다. 자녀들의 마음을 목양한다는 것은 그들의 마음에 말씀을 심

는 것입니다. 그들의 마음속에 성경적인 가치관을 심는 것입니다. 자녀들이 하는 말과 행동은 그들의 마음을 반영하고 있습니다. 누가복음 6장 45절은 "선한 사람은 마음에 쌓은 선에서 선을 내고 악한 자는 그 쌓은 악에서 악을 내나니 이는 마음에 가득한 것을 입으로 말함이니라"고 말씀합니다.

자녀의 마음에 선한 것을 쌓을 수 있는 길이 성경 암송입니다. 이뿐 아니라 자녀의 마음에 말씀을 새기는 것이 성경 암송입니다. 잠언 7장 1-3절은 "내 아들아 내 말을 지키며 내 명령을 간직하라 내 계명을 지켜 살며 내 법을 네 눈동자처럼 지키라 이것을 네 손가락에 매며 이것을 네 마음 판에 새기라"고 말씀합니다.

성경 말씀을 마음 판에 새길 때 음녀의 유혹을 이길 수 있습니다. 잠언 7장 5절은 "그리하면 이것이 너를 지켜서 음녀에게, 말로 호리는 이방 여인에게 빠지지 않게 하리라"고 말씀합니다. 자녀들의 가슴에 말씀을 심어 줄 때 말씀이 자녀들을 지켜 주고 보호해 줄 것입니다. 부모가 갈 수 없는 자리에 말씀이 가서 자녀들을 보호해 줄 것입니다.

우리는 성경 암송을 통해 자녀들에게 마음 가꾸는 법을 가르쳐 주어야 합니다. 그들의 마음속에 생명의 근원이 있음을 가르쳐 주어야 합니다(잠 4:23). 그들의 마음속에 지혜의 샘이 있음을 가르쳐 주어야 합니다(잠 18:4). 말씀을 묵상함으로 마음의 정원을 가꿀 수 있도록 도와주어야 합니다. 그들의 마음을 관찰하면서 마음에 있는 죄악을 회개하게 하고, 그 마음을 하나님의 말씀으로 가득 채울 수 있도록 가르쳐 주어야 합니다.

훌륭한 자녀 교육법 중 하나는 스스로 배우도록 가르치는 것입니다. 남이 가르쳐 준 진리보다 스스로 깨달은 진리가 더욱 오랫동안 가슴에 남기 때문입니다. 자녀를 가르치는 가장 좋은 교사는 하나님의 말씀과 성령님입니다.

하나님의 말씀은 하나님의 자녀들을 교훈하고 책망하고 바르게 합니다. 디모데후서 3장 16절은 "모든 성경은 하나님의 감동으로 된 것으로 교훈과 책망과 바르게 함과 의로 교육하기에 유익하니"라고 말씀합니다. 자녀들이 스스로 성경을 암송하고 연구할 때 성령님은 말씀을 통해 그들을 교훈하시고, 책망하시고, 바로잡아 주십니다. 말씀을 통해 그들의 생각이 변화될 때 그들의 삶은 아름답게 변화됩니다.

자녀들이 일찍부터 성경을 암송하도록 도와주는 것은 그들로 하여금 평생 학습자가 되도록 돕는 것입니다. 하나님이 귀하게 사용하신 훌륭한 지도자들은 한결같이 평생 학습자였습니다. 우리는 성장을 넘어서 성숙해야 합니다. 성숙을 넘어서 원숙해야 합니다. 원숙함은 평생 학습자로 사는 사람이 맺는 아름다운 열매입니다.

우리 모두는 평생 학습자가 되어야 합니다. 부모와 자녀가 함께 성경을 암송하고 연구할 때 자녀의 미래는 밝게 빛날 것입니다.

제자들을 양육한다

'성경 암송' 하면 네비게이토의 창시자인 도슨 트로트맨을 떠올리게 됩니다. 성경 암송 대회에서 좋은 점수를 따기 위해 암송한 성경 20구절 중 하나가 그의 생애를 바꾸어 놓았습니다. 성경을 암송한 지 얼마 되지 않은 어느 날, 직장인 제재소로 가던 도슨의 머릿속에 암송했던 말씀 한 구절이 갑자기 떠올랐습니다. 도슨은 그때의 경험을 다음과 같이 고백했습니다.

"내가 진실로 진실로 너희에게 이르노니 내 말을 듣고 또 나 보내신 이를 믿는 자는 영생을 얻었고…"(요 5:24). "영생을 얻었고"라는 말씀이 나의 마음에 강하게 부딪쳐 왔습니다. 그러자 나는, "오! 하나님, 영생을 얻었다니 이 얼마나 놀라운 사실입니까?"라고 외치며 호주머니에서 조그만 성경책을 꺼내 요한복음 5장 24절 말씀을 찾아보았습니다. 거기엔 틀림없이 내가 암송했던 그대로 그 말씀이 기록되어 있었습니다. "영생을 얻었고 심판에 이르지 아니하나니 사망에서 생명으로 옮겼느니라."
나는 그 자리에서 성년이 되고 나서 처음으로 기도했습니다. "오, 하나님, 이 말씀의 뜻을 확실히 알 수는 없으나 저는 영생을 소유하고 싶습니다." 이렇게 해서 나는 거듭났고 새로운 삶을 시작하게 되었습니다. 내가 하나님을 믿고 기도했을 때 주님은 약속하신 새 생명을 주셨던 것입니다.

_ 밥 포스터, 《불타는 세계 비전》, 네비게이토출판사, 55-56쪽

도슨 트로트맨은 성경 암송을 통해서 예수님에게 돌아온 후로 자신의 영혼을 양육하기 위해 하나님의 말씀을 암송했습니다. 그리스도인이 된 이후 처음 3년 동안 하루에 한 구절씩 외웠습니다. 어느 날은 제재소에서 트럭을 운전하면서 그가 암송한 성경 말씀 1,000구절을 외우기도 했습니다.

도슨은 다른 사람을 양육하기에 앞서 자신의 영혼을 말씀으로 양육할 줄 알았던 사람입니다. 자신의 영혼을 말씀으로 양육했기 때문에 다른 사람들을 말씀으로 양육할 수 있었습니다. 성경 암송을 통해 그리스도의 제자로 성장한 도슨은 제자 훈련에서 가장 중요한 기초를 성경 암송에 두었고, 성경 암송만큼은 예외를 두지 않았습니다.

도슨은 예수님을 영접한 영혼에게는 양육이 절대적으로 필요하다는 사실을 알았습니다. 그는 "영접은 10%요, 양육이 90%를 차지한다"고 말했습니다. 그는 사람들을 그리스도의 제자로 양육할 때 성경 암송의 중요성을 강조했습니다. "우리는 진정으로 성경 암송을 원하는가? 원하지 않는다면 그 이유는 무엇인가? 원하고 즐기는데도 지속하기가 왜 그렇게 어려운가? 교회에 다니면서도 대개의 경우 성경을 잘 모르는 이유는 무엇인가?" 등의 질문을 하면서 사람들에게 도전을 던졌습니다.

한 영혼을 그리스도의 제자로 삼기 위해서는 많은 대가를 지불해

야 합니다. 그중 하나가 성경 암송입니다. 모범은 모범을 낳습니다. 도슨처럼 영적 안내자가 먼저 모범을 보여야 합니다. 성경 암송을 통해 사람들을 양육하는 것은 많은 시간을 요합니다. 생명이 성장하는 데는 지름길이 없다는 사실을 기억하십시오.

성경 암송을 통해 제자들을 양육한 가장 위대한 모범은 예수님이십니다. 예수님은 성경을 암송하심으로써 모범을 보이셨습니다. 또한 제자들은 3년 동안 예수님께 받은 말씀을 암송함으로써 그 말씀을 마음에 새겼습니다. 말씀으로 양육받은 제자들은 그들의 마음에 새긴 주님의 말씀으로 그들의 제자들을 양육했습니다. 그들은 성경 암송과 함께 그리스도의 제자로 성장했던 것입니다.

성경을 검처럼 사용하는 교사가 된다

훌륭한 성경 교사가 되고 싶은 열망을 가진 사람이라면 성경을 깊이 연구해야 합니다. 에스라는 성경 교사의 모범입니다. 에스라 7장 10절을 보면 "에스라가 여호와의 율법을 연구하여 준행하며 율례와 규례를 이스라엘에게 가르치기로 결심하였었더라"고 말씀합니다. 훌륭한 성경 교사는 행하면서 가르치는 사람입니다.

예수님은 하나님 나라에서 큰 사람이란 말씀을 실천하면서 가르치는 사람이라고 정의하셨습니다. 마태복음 5장 19절은 "그러므로 누구든지 이 계명 중의 지극히 작은 것 하나라도 버리고 또 그같이 사람을 가르치는 자는 천국에서 지극히 작다 일컬음을 받을 것이요 누구든지 이를 행하며 가르치는 자는 천국에서 크다 일컬음을 받으리라"고 말씀합니다.

모범적인 성경 교사가 되기 위해서는 말씀을 실천할 뿐만 아니라 성경을 많이 암송해야 합니다. 성경 교사의 생애 가운데 성경을 마음 판에 새기는 축복보다 더 큰 축복은 없을 것입니다. 도슨 트로트맨은 "하나님의 말씀을 마음 판에 새기는 데 투자된 시간보다 더 많은 이익 배당을 주는 것은 아무것도 없다"고 말했습니다.

성경 교사의 가장 중요한 도구는 성경입니다. 인간의 탁월함은 도구를 만들고 사용하는 데 있습니다. 도구는 우리가 목표를 성취하는 데 도움을 줍니다. 짧은 시간에 많은 일을 성취할 수 있도록 도와주는 것이 도구입니다. 도구는 사용할 줄 아는 사람의 것입니다. 성경도 마찬가지입니다. 성경은 정말 소중한 도구입니다. 성경 안에 우리가 필요로 하는 모든 것이 들어 있습니다. 성경은 인생의 지도와 같고, 나침반과 같습니다. 모든 승리와 형통과 성공의 지침서입니다. 행복의 안내서입니다.

훌륭한 교사는 성경을 도구로 삼아 마음껏 사용해야 합니다. 아는 것만으로는 안 되고 사용해야 합니다. 영적 성숙이란 성경을 많이 이해하는 것을 넘어서 많이 사용하는 데 달려 있습니다. 하워드 헨드릭스는 "영적 성숙은 얼마나 많이 이해하고 있느냐가 아니라 얼마나 많이 사용하고 있느냐에 달려 있다"고 말했습니다. 성경을 많이 사용하는 교사가 영적으로 성숙한 교사임을 알아야 합니다.

성경은 보존하라고 주어진 책이 아닙니다. 성경은 가르치고 선포하고 사용하라고 주어진 책입니다. 성경 교사는 성경을 검처럼 잘 사용해야 합니다. 성경은 성령의 검입니다. 하나님의 말씀은 살아 있는 검과 같습니다. 히브리서 4장 12절은 "하나님의 말씀은 살아 있고 활력이 있어 좌우에 날선 어떤 검보다도 예리하여 혼과 영과 및 관절과 골수를 찔러 쪼개기까지 하며 또 마음의 생각과 뜻을 판단하나니"라고 말씀합니다.

하나님의 말씀은 날카로운 검과 같습니다. 검은 누구의 손에 들려 있느냐에 따라 그 쓰임새가 달라집니다. 의사의 손에 들려진 수술 칼은 환자를 살립니다. 훌륭한 의사는 수술 칼 사용하는 법을 잘 압니다. 또한 다양한 종류의 칼을 가지고 환자를 수술합니다. 그리고 수술 도구를 잘 배열해 놓고 수술합니다.

훌륭한 성경 교사는 탁월한 의사가 수술 칼을 다루듯이 하나님의 말씀을 사용해야 합니다. 하나님의 말씀은 병든 영혼을 수술하고, 치료하는 능력이 있습니다. 검이 누구의 손에 들려 있느냐는 대단히 중요합니다. 잘 준비된 성경 교사는 수술실에 잘 배열된 수술 도구같이 성경 말씀을 체계적으로, 주제별로 암송합니다.

자주 사용하는 도구를 우리 가까이 두는 것처럼 자주 사용하는 말씀을 철저하게 암송하십시오. 성경 암송을 통해 훌륭한 교사로 쓰임받길 바랍니다.

곤고한 사람을 세울 수 있다

성경 암송은 우리를 효율적인 상담자가 되도록 도와줍니다. 저는 말씀을 암송하고 침묵 중에 말씀을 묵상하면서 상담자에게 필요한 상담 원리들을 터득하였습니다. 특별히 말씀을 통해 인간의 본질을 알게 되었습니다. 상한 갈대와 같고, 꺼져 가는 등불과 같은 인간의 연약함을 알게 되었습니다(사 42:3). 인간 안에 있는 원죄의 뿌리와 인간을 유혹하는 보이지 않는 사탄의 세력을 알게 되었습니다.

하나님의 말씀을 통해 인생이 어렵다는 것을 배웠습니다. 인생이 공평하지 않다는 것도 배웠습니다. 인생에는 사계절이 있어서 흐름이 있다는 것을 배웠습니다. 인간은 고통받는 존재이며, 죄책감과 열등의식에 시달리며 산다는 것을 배웠습니다. 상처받은 영혼들의 아픔을 알게 되었습니다. 인간의 문제는 겉으로 보이는 것만큼 단순하지 않다는 사실도 깨달았습니다.

많은 사람들이 과거와 화해하지 못하고 있으며, 상한 감정을 가지고 살고 있음을 알게 되었습니다. 진정한 치유는 영혼에서부터 일어나야 하며, 하나님이 우리의 치료자가 되신다는 사실도 배웠습니다. 성령님은 우리의 치료자가 되시며, 말씀을 통해 인간의 문제를 치료하신다는 사실을 배웠습니다. 저는 하나님의 말씀을 통해 그리스도를 모르는 일반 상담자는 깨달을 수 없는 영혼의 문제와 영적 전쟁에 대한 지식을 갖게 되었습니다.

저는 영혼을 치료하는 영적 안내자로 살고 있습니다. 그동안 많은 사람들을 상담하면서 가장 좋은 상담이란 말씀으로 지혜를 나누는 것임을 깨달았습니다. 그때 성경 암송이 제게 중요한 역할을 하였습니다. 성령님은 제가 암송한 말씀을 생각나게 하시고, 필요할 때마다 제게 적절한 말씀을 깨닫게 하셨습니다(요 14:26). 그런데 중요한 사실은, 거의 대부분 제가 알고 있고 암송한 말씀을 통해 성령님이 역사하신다는 것입니다. 물론 때로는 제가 생각하지도 못하고 배우지도 않은 지혜를 주시지만, 성령님은 제가 암송한 말씀을 통해 사람들을 치유하기 원하셨습니다.

상담에서 가장 중요한 것은 분별력입니다. 분별력이란 문제를 진단하고 문제의 원인을 볼 수 있는 능력입니다. 또한 문제를 해석하는 능력입니다. 문제보다 더욱 중요한 것은 문제를 보는 시각입니다. 문제에 의미를 부여하는 능력입니다. 그리고 문제에 반응하는 능력입니다.

상담자로서 문제를 잘 분별하기 위해서는 온몸으로 듣는 훈련을 해야 합니다. 상담자에게는 말하는 기술보다 잘 듣는 기술이 필요합니다. 왜냐하면 잘 들을 수 있는 사람만이 잘 말할 수 있기 때문입니다. 문제를 가진 사람은 자신의 문제를 상담자에게 털어놓는 과정을 통해 자신을 발견하게 됩니다. 폴 투르니에는 "실제로 사람은 누구도 자기 혼자서는 자기 자신을 이해하지 못한다. 다른 사람과 만남으로써 자신이 누구인지를 알게 된다"고 말했습니다.

상담자는 온몸으로 들으면서 질병 자체보다 환자를 치료하는 데 관심을 가져야 합니다. 환자의 심층에 있는 문제의 원인을 발견한 후에 전인적 치료를 시도해야 합니다. 그들이 원하는 말보다는 그들에게 필요한 말을 해줄 수 있어야 합니다. 그때 필요한 것이 적합한 하나님의 말씀입니다. 성령님이 기억나게 하시는 적절한 말씀을 우리의 혀에 담아 곤고한 사람들을 도와주어야 합니다. 이사야처럼 학자의 혀를 달라고 기도하십시오. 이사야 50장 4절의 말씀이 기도 제목이 되길 바랍니다.

주 여호와께서 학자들의 혀를 내게 주사 나로 곤고한 자를 말로 어떻게 도와줄 줄을 알게 하시고 아침마다 깨우치시되 나의 귀를 깨우치사 학자들같이 알아듣게 하시도다

능력 있는 전도자가 되게 한다

하나님의 가장 중요한 뜻은 영혼을 구원하는 것입니다. 하나님의 뜻은 잃어버린 영혼들이 예수님을 믿고 영생을 얻는 것입니다. 예수님은 하나님의 뜻에 대해 "내 아버지의 뜻은 아들을 보고 믿는 자마다 영생을 얻는 이것이니 마지막 날에 내가 이를 다시 살리리라 하시니라"(요 6:40)고 설명하셨습니다.

하나님께 귀하게 쓰임받는 것은, 하나님의 뜻인 영혼을 구원하는 데 쓰임받는 것입니다. 특별히 전도의 은사가 있는 사람도 있지만, 그리스도인이면 누구나 영혼을 구원하는 일에 동참해야 합니다. 세

계 복음화는 주님의 지상 명령입니다. 그리스도의 제자가 가져야할 거룩한 부담감입니다.

사도 바울은 복음 전하는 일에 위기의식을 가지고 살았습니다. 절박감을 가지고 복음을 전했습니다. 바울은 "내가 복음을 전할지라도 자랑할 것이 없음은 내가 부득불 할 일임이라 만일 복음을 전하지 아니하면 내게 화가 있을 것이로다"(고전 9:16)라고 고백했습니다. 또한 바울은 영의 아들 디모데에게 "너는 말씀을 전파하라 때를 얻든지 못 얻든지 항상 힘쓰라 범사에 오래 참음과 가르침으로 경책하며 경계하며 권하라"(딤후 4:2)고 부탁했습니다.

전도는 하나님의 관심이며 하나님의 지혜입니다.

하나님의 지혜에 있어서는 이 세상이 자기 지혜로 하나님을 알지 못하므로 하나님께서 전도의 미련한 것으로 믿는 자들을 구원하시기를 기뻐하셨도다 고전 1:21

전도자에게 가장 중요한 일은 말씀으로 무장하는 것입니다. 영혼을 구원하기 위해 자신을 준비하는 것입니다.

하나님은 복음 전도를 위해 자신을 준비하고 훈련하는 사람을 기뻐하십니다. 구원에 관한 진리를 묻는 사람들에게 대답할 말을 준비하는 사람은 지혜로운 사람입니다. 베드로 사도는 "너희 마음에 그리스도를 주로 삼아 거룩하게 하고 너희 속에 있는 소망에 관한 이유를 묻는 자에게는 대답할 것을 항상 준비하되 온유와 두려움으로 하고"(벧전 3:15)라고 말합니다.

소망에 관한 이유를 묻는 자들에게 대답할 것을 항상 예비하기 위해서는 복음 전도에 관한 말씀을 암송하고 있어야 합니다. 전도란 복음을 단순하게 제시하는 것뿐 아니라 설명하고 설득하고 변론하는 것입니다. 그러기 위해서는 말씀을 암송해야 하며, 말씀을 자유자재로 사용할 수 있도록 훈련해야 합니다.

성경을 많이 암송하고 있는 사람은 복음을 효율적으로 제시할 수 있습니다. 암송한 성경을 직접 전도에 사용할 뿐만 아니라 필요한 성경을 찾아가면서 복음을 제시할 수 있습니다. 성경을 많이 암송하고 있고, 또한 성경 암송을 통해 성경의 맥을 알고 있는 사람은 필요한 말씀을 빨리 찾아서 제시할 수 있습니다.

스데반은 예수님을 증거할 때 성경의 맥을 모두 암송하고 있었습니다. 바울도 복음을 제시할 때 성경을 가지고 강론하고 증명했습니다. 사도행전 17장 2-3절을 보면 "바울이 자기의 관례대로 그들에게로 들어가서 세 안식일에 성경을 가지고 강론하며 뜻을 풀어 그리스도가 해를 받고 죽은 자 가운데서 다시 살아나야 할 것을 증언하고 이르되 내가 너희에게 전하는 이 예수가 곧 그리스도라 하니"라고 말씀합니다. 또한 바울은 전도할 때 말씀에 사로잡혀 있었습니다.

실라와 디모데가 마게도냐로부터 내려오매 바울이 하나님의 말씀에 붙잡혀 유대인들에게 예수는 그리스도라 밝히 증언하니 행 18:5

바울이 말씀을 붙잡은 것이 아니라 말씀이 바울을 붙잡았던 것입니다. 바울은 말씀 속에 있었고, 말씀이 바울 속에서 역사했습니다. 그만큼 바울은 성경을 많이 암송했고, 말씀을 사랑했고, 말씀 속에 살았던 것입니다. 바울은 걸어 다니는 성경이었습니다. 그 비결은 그가 성경 암송을 통해 말씀을 붙잡은 것입니다. 그 결과 말씀에 붙잡힌 하나님의 사람이 되었습니다.

성경 암송과 거룩한 습관

암송을 위한 질문 ||||||||| ||||||| | ||||||||| |

☑ 자녀의 마음에 성경 말씀을 심어 주기 위해 노력한 적이 있습니까? 자녀를 말씀으로 가르치려면 어떤 방법이 좋을까요?

☑ 한 영혼을 예수님의 제자로 삼기 위해 어떤 대가를 지불하고 있습니까?

☑ 성경을 도구로 사용하는 교사로 섬기고 있습니까?

☑ 다른 사람의 문제와 고민을 들어주며 상담해 본 적이 있습니까? 문제를 진단하고 분별력 있게 판단하는 데 도움이 되었던 성경 말씀이 있다면 나누어 보세요.

☑ 전도를 할 때 성경 암송이 무기가 된 적이 있습니까? 암송한 성경을 어떻게 효과적으로 전도에 활용할 수 있을까요?

3부

효과적인 암송법

창조적인 방법으로
반복하라

우리가 성경을 암송해야 하는 이유는 평생 학습자가 되어 하나님께 귀하게 쓰임받기 위해서입니다. 성경 암송은 우리를 평생 학습자가 되도록 도와줍니다.

먼저 도끼날을 가는 데 시간을 투자하라

성경 암송을 잘하기 위해서 우리는 학습 기술을 터득해야 합니다. 학습 기술을 터득하는 것은 도끼날을 가는 것과 같습니다. 학습 기술을 익히고 잘 준비한 사람은 훨씬 효율적으로 성경을 암송할 수 있습니다. 에이브러햄 링컨은 "나무 한 그루를 베는 데 여덟 시간이 주어진다면, 나는 도끼날을 가는 데 여섯 시간을 쓰겠다"고 말했습니다. 링컨은 준비의 중요성을 절실하게 깨달은 사람입니다.

그것은 성경 암송에도 똑같이 적용됩니다. 무조건 암송하는 사람과 도끼날을 갈 듯이 먼저 학습 기술을 배워서 성경 암송을 하는 사람은 큰 차이가 있습니다.

학습 기술이란 학습을 위해서 구체적인 방법을 터득하는 것을 말합니다. 학습 방법을 익히는 일은 학습하는 데 아주 중요합니다. 아무리 타고난 능력이 뛰어나다 해도 방법이 잘못되면 그 능력을 잘 발휘할 수 없기 때문입니다. 그래서 우리는 효율적인 성경 암송을 위해 학습 기술을 터득하고, 성경 암송의 구체적인 방법을 배워야 합니다.

학습 기술을 잘 알고 성경 암송에 임하면 훨씬 효율적으로 암송할 수 있습니다. 또한 성경 암송을 하는 중에 자연스럽게 학습 기술이 터득되면 성경 암송을 더욱 잘할 수 있습니다.

우리는 시대의 변화를 읽어야 합니다. 우리는 지식 혁명 시대에 살고 있습니다. 이 시대를 사는 우리는 지식 소비자가 아닌 지식 생산자가 되어야 합니다. 지식 생산자가 되기 위해서는 상상력과 창의력이 탁월해야 합니다. 탁월한 상상력과 창의력을 소유하려면 먼저 많은 정보를 마음에 새길 수 있도록 기억력이 탁월해야 합니다. 상상력과 창의력은 이미 알고 있거나 기존에 나와 있는 정보를 연결하고 연상해서 새로운 것을 창출하는 중에 발달합니다.

우리는 세상의 빛과 소금으로 부름받았습니다. 교회 안에서만 훌륭한 그리스도인이 아니라 세상에 나가서도 영향력을 끼칠 수 있는 그리스도의 제자가 되어야 합니다. 그렇게 되려면 이 시대를 읽고 이 시대에 충격을 줄 수 있는 사람이 되어야 합니다. 제반 지식에도 탁월한 하나님의 사람이 되어야 합니다.

제가 성경 암송을 강조하는 이유는, 지금 우리가 그 어느 때보다도 말씀으로 무장해야 할 시대에 살고 있기 때문입니다. 또한 성경 암송을 통해 탁월한 학습자가 되어 지식 혁명 시대를 살고 있는 세상 사람들을 변화시켜야 하기 때문입니다.

학습 기술을 배우라

성경 암송의 구체적인 방법을 소개하면서 학습 기술에 대해 다시 한 번 강조하고 싶습니다. 왜냐하면 성경 암송을 하는 방법은 학습 기술과 밀접하게 연결되어 있기 때문입니다.

학습에도 기술이 필요합니다. 악기를 잘 연주하기 위해서는 연주법을 배워야 합니다. 운전을 잘하기 위해서는 운전하는 기술을 배워야 합니다. 운동을 잘하기 위해서는 코치를 통해 운동의 원리와 기술을 터득해야 합니다. 학습도 마찬가지입니다. 학습을 잘하려면 학습하는 기술을 알아야 합니다.

학습 기술은 입시를 준비하는 학생들에게만 필요한 것이 아닙니다. 모든 사람이 일평생 살아가는 기술을 배우며 사는 것처럼, 평생 동안 학습 기술을 배워야 합니다. 학습법을 터득한 사람은 결국 가장 많은 것을 알게 됩니다. 헨리 애덤스는 "젊은 시절에 알고 있는 지식은 순간일 뿐이다. 학습법을 아는 사람이 많은 것을 알게 된다" 고 말했습니다.

암기 능력은 모든 교육의 기초이다

학습 기술은 학습을 계속하는 데 필요한 능력을 말합니다. 학습 기술 능력 가운데 가장 기초는 암기 능력입니다. 암기는 모든 능력 발달의 초보일 뿐 아니라 모든 배움의 기초입니다. 기억이 없는 배움은 없습니다. 배움은 기억을 동반하고 기억은 배움을 촉진합니다. 배움이란 본래 알고 있는 것과 새로운 정보가 만날 때 일어나는 창조적 사건입니다.

캘리포니아 주립대학원 교육 심리학 및 영어학 교수인 전정재 박사는 《사랑의 혁명》에서 학습에 필요한 능력 발달을 다음과 같이 10가지로 압축해서 강조하고 있습니다.

1. 책을 읽거나 강의를 듣고 중점을 파악할 수 있는 능력 발달
2. 요점만 간단히 파악할 수 있는 능력 발달
3. 일어난 상황에 대한 원인과 결과를 파악하는 능력 발달
4. 일어난 일을 순서대로 나열할 수 있는 능력 발달
5. 복잡한 글이나 강의를 듣고 결론을 내릴 줄 아는 능력 발달
6. 자세한 상황을 알아야 할 경우 그 세세한 항목까지 읽고 들을 줄 아는 능력 발달
7. 주어진 몇 개의 사실만 갖고도 상상력을 발휘하여 새로운 사실을 파악할 줄 아는 능력 발달
8. 비판과 판단을 능히 할 줄 아는 능력 발달
9. 상징을 빨리 파악하여 그 뜻을 깨달아 활용할 줄 아는 능력 발달
10. 암기 능력 발달

전정재 박사는 학습 기술 능력 가운데 가장 기초가 되는 것을 암기 능력이라고 말합니다. 체리 풀러도 《21일 학습 여행》에서 학습

에 있어서 암기 능력의 중요성을 다음과 같이 강조합니다. "암기력을 기른 아이들은 학습자로서 훌륭한 자질을 갖춘 셈이며 결과적으로 더 많은 것들을 성취할 수 있을 것이다."

암기 능력이 좋다는 것만으로 실력 있는 사람이라고 말할 수는 없습니다. 그러나 실력을 쌓아 가는 데 암기 능력만큼 중요한 것은 없습니다. 우리나라의 주입식 교육에서 강조해 온 기계적인 암기는 우리가 반성해야 할 교육법입니다. 그러나 그런 과정을 통해 우리 민족이 학습 능력의 기초를 튼튼히 쌓게 되었다는 사실은 인정해야 합니다.

암기 능력이 탁월한 우리 민족은 학구력이 강하고 학력이 높습니다. 그래서 우리 민족은 세계 어디서든지 우수한 민족으로 살고 있습니다. 미국에 사는 교포들을 보아도 알 수 있습니다. 그들은 훌륭한 학습 능력을 가졌기에 적응력이 강합니다. 생활력이 강합니다. 어떤 환경에서든지 잘 배우면서 생존을 넘어 풍요로운 삶을 살고 있습니다. 또한 갈수록 중요한 영향력을 끼치고 있습니다.

창조력을 키우는 학습을 시도하라

우리가 더욱 관심을 가져야 할 점은 창조적인 암기법 개발입니다. 창조성을 양성할 수 있는 학습법을 개발하는 것입니다. 세계를 움직일 수 있는 창조성은 창조적인 학습법에서 나옵니다. 창조적인 학습법의 기초는 창조적인 암기법에 있습니다. 창조적인 암기법이란 오감과 함께, 육감이라고 부르는 상상력을 동원해서 암기하는

성경 암송과 거룩한 습관

것입니다. 그 과정을 통해 창조성을 키우는 것을 말합니다.

우리가 창조적인 암기법을 통해 암기 능력을 키울 때, 우리 민족의 미래는 더욱 밝아질 것입니다. 존 나이스비트는 《메가 챌린지》에서 창조성을 양성하는 교육의 중요성을 다음과 같이 말합니다.

창조성을 양성하고 적극적으로 육성하는 것은 교육의 가장 중요한 과제 중 하나이다. 이것은 자녀를 위한 기본 교육뿐만 아니라 기업의 연수 프로그램에서도 마찬가지이다. 최근 한국이나 일본 기업에서도 창조성이 필요하다고 인식하기 시작했으며, 나아가 비즈니스 리더들이 이러한 능력을 육성하는 것이 특히 아시아에서 경쟁력을 확보하는 유일한 방법이라고 판단하고 있다.

미국에는 300명 이상의 노벨상 수상자가 있는데, 일본에는 단 5명밖에 없으며, 한국에는 현재 한 명도 없다. 이것은 잘 알려진 사실이다. 게다가 노벨상을 받은 일본인 중 대다수는 미국이나 다른 나라에서 교육을 받았다. 창조성은 흉내 내거나 돈으로 살 수 있는 것이 아니다. 창조성을 높이고자 하는 환경(교육 환경)이 없다면 육성될 수 없는 것이다.

_ 존 나이스비트, 《메가 챌린지》, 국일증권경제연구소, 136쪽

드디어 2000년에 한국인 노벨상 수상자가 나오긴 했지만, 아직도 갈 길이 멀다는 것을 누구나 알고 있습니다. 한국 교회가 성경 암송을 통해 창조적인 암기 능력을 우리 자녀들에게 키워 준다면

우리 민족의 미래는 밝을 것입니다.

우리는 성경 암송에 눈을 떠야 합니다. 왜 하나님이 이스라엘 민족에게 그토록 성경 암송을 강조하셨는가를 새롭게 깨달아야 합니다. 그들의 마음에 말씀을 새기게 하시고 말씀을 주야로 묵상하게 하신 것은 그들을 세계적인 민족으로 세우시려는 하나님의 의도였습니다. 우리 민족을 세계적인 민족으로 세우기 위해서는 성경 암송에 더욱 관심을 가져야 합니다.

좋은 도구를 준비하라

성경 암송을 잘하기 위해서는 구체적이고 체계적인 방법과 기술이 요구됩니다. 성경 암송을 위한 좋은 도구도 필요합니다. 토머스 칼라일은 "인간은 도구를 사용할 수 있는 동물이다. 도구가 없다면 인간은 아무것도 아니며 도구가 있음으로써 인간이 된 것이다"라고 말했습니다. 도구란 우리가 목표를 성취하는 데 도움이 되도록 이용하는 물건입니다. 성경 암송이라는 목표를 성취하기 위해서도 좋은 도구를 준비해서 사용해야 합니다.

수술을 잘하는 의사는 다양한 칼과 도구를 가지고 수술을 집도합니다. 수술 도구를 잘 정돈해 놓을 뿐만 아니라 자주 쓰는 도구는 가장 가까이에 둡니다. 훌륭한 의사는 환자의 질병을 치료할 때 다양한 대안을 가지고 접근합니다.

성경 암송을 잘하는 기술도 이와 같습니다. 성경 암송을 잘할 수 있는 원리와 기술을 터득할 뿐만 아니라 좋은 도구를 가지고 있어

성경 암송과 거룩한 습관

야 합니다. 지금부터 소개하는 성경 암송의 구체적인 방법을 잘 배워서 몸에 익히도록 하십시오. 문제 해결책을 다양하게 가지고 있는 사람이 문제를 잘 해결하는 것처럼, 성경 암송에 대한 다양한 방법을 가지고 있는 사람이 암송을 잘합니다.

어떤 일을 할 때 잘 안 되면 다른 방법으로 시도해 보는 지혜가 필요합니다. 아인슈타인은 "같은 일을 반복하면서 다른 결과가 나오기를 기대하는 것보다 더 확실한 정신병 증세는 없다"라고 말했습니다. 다른 결과를 원하면 다른 방법을 시도해 보아야 합니다. 그런 면에서 성경을 암송하는 다양한 방법을 아는 것은 지혜입니다.

성경 암송에 대한 방법을 공부할 때 중요한 것은, 성경이 기억되고 보존되고 다시 회상되는 과정에 주의를 기울이는 것입니다. 또한 성경 암송의 입체적인 방법을 이해하고 터득하도록 해야 합니다. 이제 배우게 될 입체적 성경 암송 방법이 처음에는 힘들게 느껴질지 모르지만, 일단 익숙해지면 놀라운 결과를 경험할 것입니다.

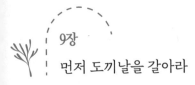

9장
먼저 도끼날을 갈아라

암송 계획을 세우라

우리는 영적인 것을 제외하고는 모든 일에 체계적인 경향이 있습니다. 또한 계획도 잘 세웁니다. 시간 계획도 잘 세웁니다. 그러나 우리는 가장 소중한 일에 대해서는 계획을 잘 세우지 않습니다. 영혼의 시각으로 보면, 성경 암송은 가장 우선순위에 두어야 할 일입니다. 급한 일 때문에 중요한 성경 암송이 밀려나지 않도록 시간 계획을 세우십시오.

찰스 험멜은 "우리에게 가장 위험한 것은 급한 일이 끼어들어 중요한 일들을 밀어내는 것"이라고 말했습니다. 영혼의 위기나 침체는 급한 일 때문에 중요한 일들을 소홀히 할 때 찾아온다는 사실을 기억해야 합니다.

암송하는 시간과 내용을 계획한다

매일 일정한 시간에 규칙적으로 암송 카드를 보십시오. 성공하는 성경 암송은 체계적인 노력을 필요로 합니다. 가장 좋은 시간은 마음이 안정되고 주의를 빼앗기지 않는 이른 아침 시간입니다.

저는 아침에 눈을 뜨면 바로 성경 암송에 들어갑니다. 그리고 잠자리에 들기 전에 성경 말씀을 암송합니다. 이와 같은 구체적인 시간들을 제외하고는, 버스나 전철이나 비행기를 타는 시간, 일상생활에서 잠시 쉬는 시간, 혹은 음식점에서 음식 나오기를 기다리는 시간들을 활용하는 지혜가 필요합니다.

성경 암송을 위한 시간 계획을 세우는 일 못지않게 성경 암송 계획을 세우는 일도 중요합니다. 제자반에서 훈련을 받거나 교회 전체 암송 프로그램에 참여하면 자연스럽게 암송을 할 수 있지만, 그렇지 않을 경우에는 주도적으로 계획을 세워야 합니다. 풍성한 삶의 열매를 맺기 위해서는 정성 어린 헌신이 필요합니다.

얼마나 많은 일을 하느냐보다 얼마나 헌신하고 있는지를 점검한다

폴 투르니에는 "우리 삶의 열매는 우리가 얼마나 많은 일을 하느냐에 달려 있는 것이 아니라, 우리가 각각의 일에 질적으로 얼마나 헌신하고 있느냐에 달려 있다"고 말했습니다. 기독교 서점에 가 보면 잘 짜인 성경 암송 계획들이 나와 있습니다. 잘 짜인 성경 암송 계획을 사용하든 스스로가 계획을 세우든, 중요한 것은 자원하는 마음과 기쁨으로 이 일을 계속하는 것입니다.

뜻한 바를 이루겠다고 결단하라

선택하는 능력은 하나님이 인간에게 주신 선물 중 하나입니다. 인생은 선택과 결단으로 이루어집니다. 선택은 에너지를 창출합니다. 무엇이든지 단호하게 선택하고 결단하면 그 일을 이룰 수 있는 아이디어가 떠오르고, 환경도 조성됨을 경험할 수 있습니다. 나중에는 구체적인 방법도 터득하게 됩니다. 무엇보다도 뜻한 바를 이루겠다는 선택과 결단이 중요합니다.

기억력은 능력의 문제가 아니라 관심의 문제다

성경 암송을 할 때도 선택한 말씀을 기필코 암송하겠다는 결단이 중요한 역할을 합니다. 많은 사람이 자신의 기억력이 나쁘다고 생각합니다. 그러나 그것은 사실이 아닙니다. 기억하지 못하는 것은 능력의 문제 이전에 관심의 문제입니다. 중요성을 절실하게 느끼는 동기 부여의 문제입니다.

우리는 중요하다고 생각하는 것을 반드시 암송하는 경향이 있습니다. 우리는 자신의 생일, 전화번호, 주소를 외우고 있습니다. 그리고 친구들의 이름을 기억할 수 있습니다. 사랑하는 사람의 생일을 기억할 수 있습니다. 그렇다면 우리는 성경도 암송할 수 있습니다. 문제는 얼마나 단호하게 결단하느냐입니다.

성경 암송과 거룩한 습관

의식적인 노력이 열쇠다

학습에서 가장 중요한 것은 의식적인 노력입니다. 자신이 필요하다고 생각하고 의식적으로 노력을 기울이기 시작하면 기억하는 방법을 스스로 생각해 냅니다. 어떻게 기억하고, 어떻게 보존하고, 어떻게 회상할 것인가를 연구하면서 학습하게 됩니다.

성경 암송의 성패는 기억하려는 목표와 함께 성경을 암송하려는 의지의 강도에 따라 결정됩니다. 성경 암송을 할 때는 그 말씀을 오랫동안 마음에 새기려는 의지가 있어야 합니다. 그때 단기 기억 단계를 넘어서 장기 기억 단계에 이르게 됩니다.

하나님은 뒤로 물러가면 기뻐하지 않으신다

단호한 결단보다 중간에 포기하고 싶은 마음이 더 커질 때 제가 늘 암송하고 묵상하는 말씀이 있습니다. 바로 히브리서 10장 38-39절 말씀입니다.

38 나의 의인은 믿음으로 말미암아 살리라 또한 뒤로 물러가면 내 마음이 그를 기뻐하지 아니하리라 하셨느니라 39 우리는 뒤로 물러가 멸망할 자가 아니요 오직 영혼을 구원함에 이르는 믿음을 가진 자니라

믿음으로 산다는 것은 뒤로 물러서지 않는 삶을 말합니다. 성경 암송도 믿음의 원리를 따라야 합니다. 선택한 말씀을 암송할 때 뒤

로 물러서지 마십시오.

암송을 지속할 수 있는 환경을 조성하라

성경 암송을 할 때는 지속할 수 있는 환경이 필요합니다. 집중할 수 있는 학습 환경이 필요합니다. 학습을 할 때는 밝은 조명과 조용한 장소, 그리고 오래 앉아 있어도 불편하지 않은 의자 같은 여건들을 조성하는 것이 중요합니다. 때로 음식을 너무 많이 먹거나 배가 너무 고프면 집중하기가 어렵습니다. 그러므로 이런 부분도 고려하는 것이 좋습니다.

또한 잘 정돈된 책상에서 공부하면 더 효율적일 수 있습니다. 물론 공부를 하거나 글을 쓰는 사람이 항상 책상을 정돈하기는 어려울 것입니다. 그러나 그것이 학습에 더 좋은 영향을 미친다면 노력해야 합니다. 중요한 것은 스스로가 최적의 환경을 창출해 내야 한다는 것입니다. 학습하는 사람은 자신이 어떤 환경에서 가장 잘 집중할 수 있는지 알아야 합니다.

장소보다 분위기가 중요하다

성경 암송을 위해 제가 강조하는 환경은 장소보다 분위기입니다. 교회 전체가 성경을 암송하는 분위기를 마련한다면 집중해서 성경을 암송할 수 있을 것입니다. 저는 예수님을 영접한 후에 곧바로 성경을 암송하기 시작했습니다. 그 이유는 제가 성장한 교회가 성경 암송하는 것을 아주 중요하게 여겼기 때문입니다. 중고등부 헌신 예배를 드리는 시간이면 선생님은 학생들의 이름을 하나하나 불렀고, 학생들은 대답 대신에 성경을 암송했습니다.

지도자가 모범을 보인다

교회 전체가 성경 암송을 하기 위해서는 목회자가 성경 암송의 중요성을 깨달아야 합니다. 성경 암송은 어린이들만 하거나 대학·청년부만 하는 것이 아니라 전 교인이 함께해야 할 영적 훈련입니다. 제자 훈련을 잘하는 교회는 성경 암송이 생활화되어 있습니다.

좋은 성경 암송 파트너를 친구로 두는 것은 현명한 일입니다. 또한 가정에서 부부끼리 성경을 암송하고, 자녀들도 성경 암송을 하는 데 익숙해 있다면, 성경 암송을 위한 최고의 환경을 소유한 것입니다.

어머니의 영향력은 자녀의 생애를 변화시킨다

특별히 어머니의 영향력은 자녀의 생애에 지대한 영향을 미칩니다. 오래전, 척 스윈돌 목사님이 하는 멘토링과 설교에 관한 강의를 들은 적이 있습니다. 그때 저를 가장 감격시켰던 것은 척 스윈돌 목사님의 어머니가 그에게 끼친 영향력이었습니다. 어린 시절, 그의 어머니는 아들에게 성경 암송을 하도록 강력하게 도전했습니다. 그리고 아들이 성경 한 절을 외우면 어머니는 두 절을 외우고, 아들이 성경 한 장을 외우면 어머니는 두 장을 외우기로 약속했습니다.

척 스윈돌 목사님의 어머니는 그 약속을 신실하게 지켰습니다. 그는 자신의 탁월한 암기력은 모두 어머니와 함께 성경을 암송한 덕분이라고 말했습니다. 그는 《인생 독본》이라는 책에서 성경 암송의 중요성을 다음과 같이 기록하고 있습니다.

실제적으로 그리스도인의 삶에서 그 어떤 노력도 성경 암송만큼 많은 유익을 가져다주지는 못한다. 그 어떤 훈련도 성경 암송보다 쓸모 있고 유익하지 못하다. 다른 어떤 연습도 이보다 더 큰 영적 열매를 가져다주지 못한다.

_ 척 스윈돌, 《인생 독본》, 보이스사

성경 암송의 환경을 가장 잘 조성하고 있는 곳은 역시 선교 단체와 청년 모임들입니다. 한국대학생선교회, 네비게이토선교회, IVF, 죠이선교회 등 많은 선교 단체들은 성경 암송의 모델이 되고 있습니다.

성경 암송을 위한 가장 중요한 환경은 마음의 환경입니다. 최상의 집중력은 성령님을 통해 주어집니다. 성령님이 우리 마음에 역사하실 때, 우리는 말씀에 대한 흥미와 관심을 갖게 되고 마음에 소원을 품고 성경을 암송하게 됩니다. 그러므로 성경을 암송할 때마다 성령님의 도우심을 구해야 합니다. 성령님이 집중하는 마음을 주시도록 기도해야 합니다.

암송 카드를 통해 주제별로 외우라

지혜로운 사람은 도구의 중요성을 압니다. 도구는 목표를 달성할 때 도움을 줍니다. 성경 암송을 잘하기 위해서도 좋은 도구가 필요합니다. 그중 하나가 암송 카드입니다. 암송 카드의 장점은 언제 어디든지 휴대가 가능하다는 것입니다.

가능하면 자신이 직접 만든 암송 카드를 사용하는 것이 좋습니다. 자신이 손수 기록한 성경 암송 카드에 더욱 애착이 가기 때문입니다. 그러나 문제는 성경 암송을 처음 시작한 초보자인 경우에 무슨 말씀부터 암송해야 할지 잘 모른다는 것입니다. 그런 사람은 체계적이고 조직적으로 잘 구성되어 제작된 성경 암송 카드의 도움을 받는 것이 좋습니다.

기독교 서점에 가면 다양한 암송 카드를 구입할 수 있습니다. 특히 네비게이토 선교회와 대학생선교회에서 나온 성경 암송 카드를 추천하고 싶습니다. 서점에 있는 암송 카드들은 주제별로 구성되어 있고, 대부분 한글과 영어로 쓰여 있습니다. 또한 언제든지 휴대하기 편하도록 비닐이나 가죽 케이스로 만들어져 있습니다.

이렇게 인쇄 제작된 암송 카드와 함께, 필요할 때마다 자신이 직접 암송 카드를 만들어 사용하는 것도 좋습니다. 저는 작은 인덱스 카드를 사용해서 성경을 암송하는 것을 좋아합니다. 어떤 때는 네비게이토에서 나온 노트 용지에 암송하려는 구절들을 기록해서 외우기도 합니다. 교회를 개척한 후에 인내의 필요성을 절실히 느꼈고 저는 바울이 인내에 대해 강조한 말씀들을 기록하여 성경책에 넣고 계속해서 읽고 또 읽고 암송했습니다. 그때 저는 주로 바울이 디모데에게 권면했던 말씀들 중 인내에 관한 것을 암송했습니다.

그러나 내가 긍휼을 입은 까닭은 예수 그리스도께서 내게 먼저 일절 오래 참으심을 보이사 후에 주를 믿어 영생 얻는 자들에게 본이 되게 하려 하심이니라 딤전 1:16

오직 너 하나님의 사람아 이것들을 피하고 의와 경건과 믿음과 사랑과 인내와 온유를 따르며 딤전 6:11

그러므로 내가 택함받은 자들을 위하여 모든 것을 참음은 그들도 그리스도 예수 안에 있는 구원을 영원한 영광과 함께 받게 하려 함이라 딤후 2:10

참으면 또한 함께 왕 노릇 할 것이요 우리가 주를 부인하면 주도 우리를 부인하실 것이라 딤후 2:12

주의 종은 마땅히 다투지 아니하고 모든 사람에 대하여 온유하며 가르치기를 잘하며 참으며 딤후 2:24

너는 말씀을 전파하라 때를 얻든지 못 얻든지 항상 힘쓰라 범사에 오

래 참음과 가르침으로 경책하며 경계하며 권하라 _{딤후 4:2}

이 말씀들과 함께 사도 바울이 말한 사도의 표지 중에 첫 번째가 오래 참음인 것을 알았습니다. 고린도후서 12장 12절을 보면 "사도의 표가 된 것은 내가 너희 가운데서 모든 참음과 표적과 기사와 능력을 행한 것이라"고 말씀합니다. 또한 바울은 고린도전서 13장 4절과 7절에서 사랑의 알파와 오메가가 오래 참음인 것을 말하고 있습니다. 저는 성경책 사이에 끼워 둔 말씀을 읽고 암송하는 가운데 어려움을 잘 견뎌 낼 수 있었습니다.

주제별로 공격하는 사탄을 물리칠 수 있다

성경을 암송하되 주제별로 암송하는 것이 중요합니다. 그 이유는 사탄이 우리를 공격할 때 주제별로 공격하기 때문입니다. 사탄은 의심, 염려, 낙심, 두려움, 절망, 미움, 탐욕, 교만, 시기, 질투, 잘못된 죄책감, 실패 의식, 열등감, 핍절 의식, 분노 등 많은 주제로 우리를 공격합니다. 그렇기 때문에 우리도 사탄이 공격하는 생각들을 이길 수 있도록 말씀을 주제별로 암송하고 있어야 합니다.

주제별로 암송하면 유익이 많다

죄 사함의 확신, 소망, 겸손, 인도, 위로, 은혜, 승리 등과 같은 주제별로 성경 구절들을 암송하면 큰 도움이 됩니다. 주제별 성경 암송의 중요성에 대해 네비게이토 성경 암송 안내 책자는 두 가지 면을 강조합니다.

첫째로, 주제는 구절들을 이해하고 더 쉽게 암송하고 복습하는 데
도움을 줍니다. 둘째로, 당신에게 어떤 구절이 필요할 때 주제들
은 그 구절을 기억해 내도록 하는, 낚시 바늘 같은 역할을 합니다.
주제들은 전도나 상담을 할 때, 또는 성경 공부나 설교 준비를 할
때 필요한 구절을 마음에 떠오르게 하는 데 도움을 줍니다.
_ 편집부,《네비게이토 주제별 성경 암송》1권, 네비게이토출판사, 6쪽

여러 주제별로 말씀을 암송하는 것과 함께 시편의 한 편 혹은 성
경 한 장을 전부 암송하는 것도 많은 유익을 줍니다. 선한 목자 장
인 요한복음 10장, 포도나무 장인 요한복음 15장, 주님의 고별 기도
가 담겨 있는 요한복음 17장, 마르틴 루터가 성경 중 성경이라고 불
렀던 로마서 8장, 사랑 장으로 불리는 고린도전서 13장, 부활 장으
로 불리는 고린도전서 15장, 믿음 장으로 불리는 히브리서 11장, 팔
복이 있는 마태복음 5장, 또는 산상수훈 등이 그러합니다. 어떤 사
람은 잠언이나 에베소서, 디모데전·후서, 심지어 로마서 전체를 암
송하기도 합니다.

성경 암송과 거룩한 습관

주제와 장절을 먼저 암송하라

주제별로 성경을 암송하는 것과 더불어 중요한 것은 처음부터 좋은 암송 습관을 기르는 것입니다. 성경을 암송할 때는 가능한 한 입술로 소리 내어 하십시오. 눈으로도 읽을 수 있지만, 입술로 읽으면서 암송하는 것이 효과적입니다. 왜냐하면 우리는 암송한 말씀을 입으로 사용하기 때문입니다.

하나님은 여호수아에게 "이 율법책을 네 입에서 떠나지 말게 하며"(수 1:8)라고 말씀하셨습니다. 하나님의 말씀이 우리 입술에 있을 때 놀라운 능력이 나타납니다. 우리의 언어가 말씀으로 변한다고 생각해 보십시오. 우리 입은 산과 장애물을 움직이는 놀라운 입이 될 것입니다(막 11:23).

주제- 장절- 말씀- 장절의 순서로 암송한다

성경을 암송할 때는 주제와 장절을 먼저 암송하십시오. 어떤 성경 구절은 그 내용을 다 암기하지 못하더라도 주제와 장절을 암송하고 있으면 다시 성경으로 돌아가서 찾을 수 있습니다. 암송한 구절을 성경에서 찾지 못한다면 성경을 사용하는 데 많은 불편을 느낄 것입니다. 저는 성경을 주제와 장절로 많이 암송한 후로는 거의 성구 사전의 도움 없이 성경을 잘 찾고 있습니다. 물론 그렇게 되기까지는 많은 훈련 과정을 거쳐야 했습니다. 지금도 성경을 찾을 때 때때로 성경 사이에 있는 관주의 도움을 받고 있지만, 제 마음에는 많은 말씀이 주제별로 새겨져 있습니다. 그 훈련의 배후에는 성령님의 끊임없는 격려와 도움이 있었습니다. 또 성령님은 지금도 항상 제 곁에서 제게 필요한 성경 말씀을 생각나도록 도와주십니다.

장절을 잘 암송하는 방법은, 구절을 외울 때 본문 앞뒤로 장절을 외우는 것입니다. 한 구절을 암송할 때나 복습할 때 가장 좋은 방법은 주제 다음에 장절, 그다음에 본문, 그리고 끝에 다시 장절을 외우는 습관을 들이는 것입니다.

암송을 위한 질문

☑ 나는 성경 암송을 하기 전에 우선 계획부터 세웠습니까? 언제, 어디에서 하는 게 효과적일까요?

☑ 나는 얼마나 단호한 의지로 성경 암송을 하고 있습니까? 성경 암송이 잘 되지 않는 것이 기억력이 나빠서라고 생각합니까? 중간에 포기하고 싶은 마음이 들 때는 어떻게 마음을 잡아야 할까요?

☑ 성경 암송을 잘할 수 있는 환경은 어떤 것일까요? 내가 만들 수 있는 환경은 어떤 것인지 이야기해 보세요.

☑ 나는 지금 어떤 주제의 성경 말씀이 필요하다고 생각합니까? 나에게 절실한 주제별 말씀 혹은 성경 한 장을 생각해 보고 이야기해 보세요.

☑ 나는 어떤 순서로 성경을 암송하고 있습니까? 성경 말씀의 주제와 장절까지 암송하도록 노력하고 있습니까?

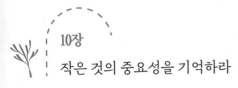

10장
작은 것의 중요성을 기억하라

처음 암송할 때 철저하게 하라

암송을 처음 시작할 때 어떻게 배우느냐가 아주 중요합니다. 성경을 암송할 때는 각 구절을 철저하게 암송하십시오. 처음 암송을 시작할 때는 그 수준을 낮추고자 하는 유혹을 많이 받습니다. 하지만 대충 암송한 것으로 만족해서는 안 됩니다. 주된 요점을 암송한 것만으로 만족하지 마십시오. 한 단어 한 단어를, 어순과 토씨까지도 정확하게 암송하십시오.

정확하게 암송해야 예리한 검처럼 사용할 수 있다

성경을 정확하게 암송해야 정확하게 사용할 수 있습니다. 말씀을 정확하게 암송하지 않으면 나중에 사용할 때 어려움을 당합니다. 처음에 힘들더라도 말씀을 정확하게 암송해 두면, 그 말씀을 사역 현장에서 예리한 검처럼, 잘 준비된 연장처럼 사용할 수 있습니다. 또한 완벽하게 암송한 말씀은 나중에 복습하기도 쉽습니다.

정확하게 암송한 성경 말씀이 하나씩 늘어날 때, 우리는 자신감을 갖게 됩니다. 기억력은 하루아침에 터득되는 것이 아니라 점진적으로 터득됩니다. 기억력은 근육과 같습니다. 많이 사용할수록 튼튼해집니다. 하나의 기억은 다른 기억에 불을 붙입니다.

기억력의 상승효과는 이미 소유하고 있는 정보와 새로운 정보가 연결될 때 일어납니다. 그러기 위해서는 알고 있는 말씀을 확실하게 마음에 새기고 있어야 합니다. 많이 암송하는 것도 중요합니다. 그러나 더 중요한 것은 얼마나 정확하게 암송하느냐입니다. 정확하게 암송하는 말씀이 점점 늘어날 때 기억력도 증대됩니다.

구구단을 외우는 원리로 암송한다

토니 부잔은 《마인드맵 기억법》에서 언어를 쉽고 재미있게 배울 수 있는 첫걸음은, 모든 대화의 50%가 100개 이내의 단어로 이루어진다는 사실을 깨닫는 것이라고 말합니다. 그는 메이저 기억법을 이용해서 대화에 핵심이 되는 100개 단어만 외우면 어떤 외국인을 만나든 그 사람이 구사하는 기본적인 대화를 이해할 수 있는 50%의 가능성은 이미 확보해 둔 셈이라고 주장합니다.

성경 암송에도 언어를 배우는 원리가 적용됩니다. 우리는 언어를 배울 때 철자를 철저히 외웁니다. 산수를 배울 때는 구구단을 분명히 외웁니다. 이 같은 원리를 성경 암송에도 적용하십시오. 즉, 항상 사용하고 누구나 알고 있는 가장 기본이 되는 성경 말씀을 철저하게 암송하십시오. 거기서부터 시작해서 점점 다른 구절들을 쌓아

가십시오.

성경 암송은 지능의 문제라기보다는 기능의 문제입니다. 용기(容器)의 문제라기보다는 방법의 문제입니다. 용기만 가지고 살 수는 없습니다. 지식과 지혜가 있어야 합니다. 그리고 지식과 지혜를 사용할 수 있는 기술(skill)도 겸해야 합니다.

작은 단위로 나눠서 암송하라

성경 암송을 잘하는 또 하나의 비결은 나누어서 암송하는 것입니다. 무슨 목표든 나누어서 공격하면 효과적으로 성취할 수 있습니다. 아무리 긴 말씀도 짧게 나누어서 암송하면 정복할 수 있습니다. 파이를 한꺼번에 먹기는 힘들지만 한 조각씩 나눠서 먹으면 손쉽게 먹을 수 있는 것과 마찬가지입니다.

캘빈 쿨리지는 "한 번에 모든 것을 다 할 수는 없지만 한 번에 한 가지씩은 할 수 있다"고 말했습니다. 성경 암송도 그렇습니다. 작은 단위로 나눠서 말씀을 암송한 후에, 그 말씀들을 함께 연결시키면 어떤 말씀도 암송할 수 있습니다.

목표를 세분화한다

사람의 마음은 불가능한 쪽이 아닌 가능한 쪽을 향해 움직이게 되어 있습니다. 그렇다고 해서 사람이 아무런 자극도 없는 쉬운 일만 좋아하는 것은 아닙니다. 사람의 마음은 어느 정도의 자극이 있는, 가능한 목표에 도전하길 좋아합니다. 그렇기 때문에 목표를 높이 세울 경우에는 그 목표를 세분하는 지혜가 필요합니다. 목표를 지혜롭게 세분화하고, 세분한 목표를 하나씩 달성하는 가운데 최종의 목표에 도전하십시오. 모래시계를 떠올려 보십시오. 모래시계 안에 있는 모래는 한꺼번에 쏟아지는 법이 없습니다.

한 번에 모래 한 알! 한 번에 한 말씀!

성경 암송도 같은 원리를 적용하십시오. 한 번에 모래 한 알을, 한 번에 한 말씀을 암송하십시오.

학습 원리 가운데 하나는, 처음에 배운 것과 맨 나중에 배운 것을 가장 잘 기억한다는 것입니다. 우리가 어떤 종류의 암송을 하든, 시작할 때 처음으로 한 몇 개는 가장 기억하기 쉽고, 마지막 몇 개는 그다음으로 쉽고, 중간은 가장 기억하기 힘듭니다. 그런 이유에서, 강의를 할 때도 서론과 결론이 중요합니다. 사람들은 서론에서 들은 충격적인 이야기나 예화 그리고 결론 부분에서 강조한 내용을 오랫동안 기억합니다. 성경 암송을 할 때도 같은 학습 원리를 지혜롭게 적용할 수 있습니다. 즉, 작은 단위로 나누어 성경을 암송할 때 말씀을 더 많이 더 잘 암송할 수 있습니다.

이때 주의해야 할 점이 있습니다. 작은 단위로 나누어 암송한다 할지라도, 전체 구절을 보는 습관을 동시에 길러야 한다는 것입니다. 나무만 보고 숲을 보지 못하는 오류를 범해서는 안 됩니다.

작게 시작해서 점점 확장하라

성경 암송 방법에서 가장 중요한 것은 작게 시작해서 점점 확장해 나가는 것입니다. 작게 시작해서 점점 확장해 나가는 원리는 하나님 나라의 원리입니다. 하나님 나라의 원리를 이해하기 위해서는 겨자씨의 원리를 이해해야 합니다. 하나님 나라는 작은 겨자씨같이 확장됩니다. 성경 암송도 마찬가지입니다. 처음에는 작은 씨앗과 같은 말씀으로 시작하십시오. 지나친 욕심을 삼가십시오. 저는 성경을 암송하면서 조급한 마음이 들 때마다 씨앗의 원리를 생각했습니다.

마태복음 13장 31-32절을 보면 "또 비유를 들어 이르시되 천국은 마치 사람이 자기 밭에 갖다 심은 겨자씨 한 알 같으니 이는 모든 씨보다 작은 것이로되 자란 후에는 풀보다 커서 나무가 되매 공중의 새들이 와서 그 가지에 깃들이느니라"고 말씀합니다.

욥기 8장 7절은 "네 시작은 미약하였으나 네 나중은 심히 창대하리라"고 말씀합니다. 물론 이 말씀은 욥의 친구가 욥에게 한 말이지만, 진리입니다. 이사야 60장 22절에도 비슷한 말씀이 있습니다.

그 작은 자가 천 명을 이루겠고 그 약한 자가 강국을 이룰 것이라 때가 되면 나 여호와가 속히 이루리라

뒤로 미루지 말고 일단 시작한다

처음에 작게 시작해서 점점 확장하는 일에 관심을 가지십시오. 티끌 모아 태산이라는 옛말이 있습니다. 시작하는 것이 중요합니다. 생각만 하고 준비만 하다가 시간을 다 보내는 사람이 있습니다. 행동이 없는 생각은 열매를 맺을 수 없습니다. 준비는 행동이 있을 때 의미가 있습니다.

성경 암송을 시도해 보지도 않고 무조건 어렵다고 생각하지 마십시오. 우리는 하기 싫은 일은 일부러 어렵게 만드는 경향이 있습니다. 그리고 어렵게 보이기 위해 자꾸만 그 일을 뒤로 미루곤 합니다. 올린 밀러는 "쉬운 일을 어렵게 보이도록 만들고 싶으면 계속해서 그 일을 뒤로 미루라"고 말했습니다. 성경 암송을 뒤로 미루지 마십시오.

인생에서 승리하는 비결은 우리가 원하는 것보다는 우리에게 필요한 것을 과감하게 시도하는 데 있습니다. 또한 우리가 원하지는 않더라도 꼭 해야 할 일을 사랑하고, 그 일을 우선적으로 두고 처리하는 데 있습니다. 성경 암송을 최우선 순위에 두십시오. C. S. 루이스의 말을 기억하십시오. "우선 해야 할 것을 우선 하라. 그러면 차선의 것들까지 덤으로 얻을 것이다. 차선으로 돌려야 할 것을 우선하라. 그러면 둘 다 잃을 것이다."

천리 길도 첫걸음부터다

시작이 반입니다. 일단 성경 암송을 시작하십시오. 성경 암송을 하고 싶은 마음이 없어도 행동에 옮기십시오. 행동(motion)은 감정(emotion)을 낳습니다. 성경 암송을 시작하면 감동이 따라옵니다.

성경 암송의 가치를 알고, 유익을 알고, 올바른 마음가짐을 가졌다면 주저 없이 시작해야 합니다. 첫걸음이 어렵습니다. 그러나 높은 산을 정복하는 것은 첫걸음에서 시작됩니다. 중국 현인의 말처럼 천리 길도 첫걸음부터 시작됩니다. 그러므로 짧은 말씀이라도 한 절부터 시작하십시오. 월트 캘러스태드의 말을 마음에 두고 성경 암송을 시작하십시오. "위대한 꿈을 실현하기 위한 가장 커다란 도전은 결연히 첫걸음을 옮기는 것, 그것이다. 결연히 시작하라! 당당히 뛰어들라!"

암송을 위한 질문 ||||||||||||||||||||||||||||||||

☑ 나는 암송을 처음 시작할 때 철저하게 했습니까, 아니면 대충 외었습니까? 그 결과는 어떠했습니까?

☑ 성경 암송을 작은 단위로 나누어 한다는 의미는 무엇일까요? 긴 구절의 성경 말씀을 세분화하여 외운 후 전체를 외울 때 어떤 효과가 있는지 이야기해 보세요.

☑ 성경 암송을 자꾸 뒤로 미루고 있습니까? 당장 시작하지 못하는 이유는 무엇입니까?

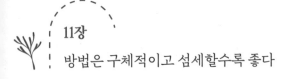

11장

방법은 구체적이고 섬세할수록 좋다

흥미와 관심을 갖고 집중하라

성경 암송을 잘하기 위해서는 집중력이 필요합니다. 집중하지 않고는 어떤 일도 성취할 수 없습니다. 모든 위대한 성취는 집중의 결과입니다. 풍성한 열매를 맺는 것도 집중이 가져온 결과입니다. 집중은 초점을 맞추는 것입니다. 돋보기도 빛을 모아서 불을 만듭니다. 초점을 맞추는 집중은 놀라운 에너지를 만들어 냅니다.

집중은 흥미에서 출발한다

성경 암송을 잘하기 위해서는 집중력을 배양해야 합니다. 집중력은 흥미에서 출발합니다. 우리는 흥미 있는 일에는 자연스럽게 집중하고 몰입합니다. 강요에 의한 것이 아니라 자연스럽게 그 일에 빠져듭니다. 흥미는 집중된 관심에 그 뿌리를 두고 있습니다. 우리는 자신이 좋아하는 일에 관심을 갖게 됩니다. 관심을 갖는 일에 시간을 투자합니다.

성경 암송을 잘하기 위해서는 말씀에 흥미와 집중된 관심을 가져야 합니다. 말씀을 사랑해야 합니다. 성경 암송을 한다는 것은 고상한 즐거움을 소유한다는 것입니다. 고상한 흥미와 관심을 갖고 산다는 것입니다.

성경 암송을 잘하는 사람들은 말씀을 즐거워할 줄 아는 사람입니다. 시편 기자는 말씀을 즐거워했습니다. 즐거워했기 때문에 주야로 그 말씀을 묵상했습니다. 시편 1편 2절을 보면 "오직 여호와의 율법을 즐거워하여 그의 율법을 주야로 묵상하는도다"라고 말씀합니다.

집중하려면 목표를 설정해야 한다

집중력을 배양하려면 목표를 잘 정해야 합니다. 목표가 없으면 집중할 수 없습니다. 그래서 성경 암송을 할 때도 목표를 세워야 합니다. 일주일에 몇 절을 암송하겠다는 목표, 일 년 동안 몇 절을 암송하고, 어떤 장, 어떤 책을 암송하겠다는 목표를 세워야 합니다. 목표와 함께 기한을 정해야 합니다.

특별히 이 목표는 자신과의 약속이기 때문에 성취한 후에는 어떤 성취보다도 큰 기쁨을 맛볼 수 있습니다. 인간은 자신과의 약속을 지킬 때 내면에서 솟구치는 기쁨을 맛보게 되어 있습니다.

집중하려면 마감 기한을 정해야 한다

집중력을 키우기 위해서는 마감 기한을 정해야 합니다. 마감 기한을 정하면 놀라운 집중력이 생깁니다. 풍자적이긴 하지만, 사무엘 존슨은 "교수형을 보름 앞둔 사람은 놀라운 집중력을 발휘할 것이다"라고 말했습니다. 우리는 보통 평일보다 휴가 전날 또는 출장이나 여행을 떠나기 전날에 많은 양의 일을 집중해서 처리하는 경향이 있습니다.

한편 마감 기한이 없으면 집중력이 떨어집니다. 목표를 달성하는 것이 지연됩니다. 에드윈 블리스는 《슬기로운 시간경영》에서, 파긴슨의 법칙을 설명했는데 "완수하도록 주어진 시간만큼 일이 지연된다"는 것입니다. 또한 블리스는 이렇게 말했습니다. "한 과업을 완수하기 위해 적은 시간을 배정하라. 그러면 그 일을 훨씬 더 빨리 마칠 것이다."

저는 설교를 준비하거나 글을 쓸 때, 마감 기한이 임박할수록 더 많은 에너지와 아이디어가 창출됨을 깨달았습니다. 그 이유는 마감 기한을 지키려고 집중하기 때문입니다. 그래서 저는 일에 대한 집중력과 효율성을 높이기 위해 일부러 스스로 마감 기한을 앞당겨 놓고 일할 때가 많습니다. 때때로 제게 주어진 실제 마감 기한이 임박하면 스트레스가 쌓여 계획했던 일을 탁월하게 끝마치지 못할 때가 있기 때문입니다.

집중은 생각하는 훈련과 밀접하다

집중하는 것은 생각하는 능력과 밀접한 관계가 있습니다. 전정재 박사는 인식 능력(Cognition), 기억 능력(Memory), 종합적인 결론 도출 능력(Convergent Thinking), 창의력(Divergent Thinking), 판단력(Evaluation), 분석력(Analytical Thinking), 비판력(Critical Thinking)이 생각하는 능력에 따라 좌우된다는 사실을 강조합니다.

어떤 일을 계속해서 오래 한다고 정신 집중을 잘하는 것은 아닙니다. 정신 집중은 생각하는 행위와 밀접한 관계를 갖고 있습니다. 생각을 별로 하지 않는 사람은 정신 집중도 잘할 수 없습니다.

우리가 경험했듯이, 생각하는 것은 그리 쉬운 일이 아닙니다. 그러나 생각하는 훈련이 잘되면 집중을 잘할 수 있고, 그 결과 놀라운 일들을 성취하게 됩니다. 생각을 훈련하는 가운데 생각의 깊은 바닷속으로 들어가 보십시오. 생각의 깊은 바닷속에서 놀라운 보화들을 발견하게 될 것입니다.

우리는 어려서부터 자녀들에게 생각하는 훈련을 시켜야 합니다. 생각하는 훈련은 질문을 장려함으로써 가능합니다. 호기심을 키워주고 질문할 수 있도록 도와줄 때 자녀들은 생각하는 사람으로 성장합니다. 창의성을 발휘하는 데 호기심을 가지고 질문하는 것보다 더 효과적인 방법은 없을 것입니다.

아인슈타인은 "나에겐 특별한 재능이 없다. 단지 모든 것에 열심히 호기심을 가질 뿐이다"라고 말했습니다. 호기심이란, 삶에 대한 지칠 줄 모르는 관심과 지속되는 배움을 통해 갖게 되는 질문입니다. 마이클 J. 겔브는 "호기심은 알고자 하는 욕망, 배우고자 하는 욕망, 성장하려는 열망, 지식과 지혜, 발견의 발전소이다"라고 말했습니다.

성경 암송을 할 때는 그 암송하는 말씀에 집중하십시오. 흥미와 관심을 가지고 집중하십시오. 호기심을 가지고 질문하면서 그 말씀을 암송하십시오. 생각하면서 암송하십시오. 집중력이 강화될 것입니다.

문맥을 이해하면서 암송하라

암송을 잘하기 위해서는 암송한 말씀을 잘 이해해야 합니다. 이해는 암기의 지름길입니다. 이해는 기억을 강화시켜 줍니다. 말씀을 이해하면서 암송하려면 시간이 조금 더 걸릴 수 있습니다. 그러나 우리가 깨달은 말씀은 우리 내면에 깊이 각인되므로 그만큼 더 효과가 있습니다. 이해하기 위해서는 말씀의 문맥을 잘 살펴야 합니다.

깨달으면 감동하고, 감동하면 오래 기억한다

이해하며 외운 말씀이 우리 마음에 깊이 새겨지는 이유는, 말씀을 깨달을 때 우리 마음에 감동이 찾아오기 때문입니다. 저는 성경을 암송하거나 읽은 책의 내용을 오래 기억하는 방법으로 감동보다 더 탁월한 것이 없다고 생각합니다. 깨달음은 감동을 주고, 감동은 우리의 기억에 충격을 줍니다. 그리고 감동을 동반한 기억은 오래 남습니다. 마음이 깊이 감동받는 일은 그리 자주 있지 않습니다. 그렇기 때문에 감동하면 우리 마음에 깊이 새겨집니다.

많이 발견하면 감동을 잘한다

감동을 많이 하는 방법은 발견을 많이 하는 것입니다. 새로운 것을 많이 발견할수록 우리는 더 많이 감동합니다. 더 많이 감동할수록 우리는 더 많은 내용을 암송할 수 있습니다. 저는 스스로 감동을 창출해 낼 때가 많습니다.

감동을 많이 하려면 겸손한 마음을 가져야 합니다. 어린아이같이 열린 마음을 가져야 합니다. 작은 깨달음에도 감격해야 합니다. 깨달음을 낙으로 삼아야 합니다(잠 10:23).

관찰을 잘해야 많이 발견한다

많이 발견하기 위해서는 관찰을 잘해야 합니다. 관찰을 하되 세심하게 해야 합니다. 관찰할 때는 말씀의 앞뒤 문맥을 살펴 가면서 질문해야 합니다. 가장 중요한 질문은 '육하원칙'입니다.

루드야드 키플링은 "나는 여섯 명의 정직한 도우미를 항상 옆에 둔다. 그들은 내가 알고 있는 모든 것을 가르쳐 주었다. 그들의 이름은 '무엇, 왜, 언제, 어떻게, 어디서, 누가'이다"라고 말했습니다. 가장 가까이에 여섯 명의 정직한 도우미를 두십시오. 말씀을 묵상하면서 깨닫고 배운 사실은, 관찰을 잘하면 해석과 적용이 매우 쉽다는 것입니다.

우리는 질문을 통해 알게 된 내용은 쉽게 잊지 않습니다. 어느 모임에서든 당신이 질문한 것에 대한 답변을 얻었을 때 느꼈던 감동을 생각해 보십시오. 그리고 그 내용을 얼마나 오랫동안 간직하고 있는지 생각해 보십시오. 이렇듯, 우리가 직접 질문한 내용과 나눈 내용은 쉽게 잊히지가 않는 법입니다.

말씀에 특별한 의미를 부여한다

말씀을 암송할 때, 이해하기를 힘쓸 뿐만 아니라 그 말씀에 의미를 부여하십시오. 개인적인 의미를 부여하십시오. 그럴 때 더욱 오래도록 기억에 남습니다. 제가 이전에 사역했던 로고스교회를 개척할 때 하나님께 받은 말씀이 있었습니다. 바로 "내가 진실로 진실로 너희에게 이르노니 나를 믿는 자는 내가 하는 일을 그도 할 것이요 또한 그보다 큰일도 하리니 이는 내가 아버지께로 감이라"(요 14:12)입니다. 제가 이 말씀을 오랫동안 기억하고 교회에 등록한 새가족들과 함께 나누는 것은 제가 이 말씀에 특별한 의미를 부여했기 때문입니다.

예수님은 이 말씀을 통해 부족한 제게 큰 비전을 심어 주셨습니다. 이 말씀은 저를 믿어 주신다는 주님의 음성으로 다가왔습니다. 앞뒤 문맥을 보면 이 말씀에 대한 구체적인 의미를 발견할 수 있습니다. 주님보다 더 큰일을 할 수 있는 길로 예수님은 요한복음 14장 13-14절에서 기도를 약속하셨습니다. 또한 요한복음 14장 16절에서는 성령님을 약속하셨습니다. 그리고 큰일을 하는 동기로서 요한복음 14장 15절에서 사랑의 계명을 말씀하셨습니다.

저는 예수님이 말씀하신 큰일은, 인간의 야망이 되어서는 안 되며 사랑이 동기가 된 비전이어야 한다는 사실을 문맥으로 이해하게 되었습니다. 또한 기도와 성령님의 도움으로 주님이 말씀하신 큰일이 성취될 수 있음을 깨달았습니다. 저는 이런 깨달음에 감동하였고, 감동한 이 말씀은 제 가슴에 항상 남아 있습니다. 특별히 개척의 어려움을 겪을 때 이 말씀은 제게 힘과 용기를 주었습니다.

변화를 추구하며 암송하라

우리의 목적은 성경 구절을 많이 암송하는 것이 아닙니다. 우리의 목적은 얼마나 많은 성경을 암송했느냐에 있지 않습니다. 우리의 목적은 예수님을 닮아 가는 것입니다. 거룩함을 추구하는 것입니다. 경건에 이르는 것입니다. 우리는 성경 암송을 통해 변화와 성숙을 추구해야 합니다. 성경을 얼마나 많이 암송하느냐보다 더 중요한 것은 우리가 얼마나 더 주님을 닮아 가고 있느냐입니다.

암송을 넘어 말씀을 묵상한다

암송하는 데만 머물지 말고 암송한 말씀을 묵상하십시오. 묵상하는 중에 그 말씀을 적용하십시오. 묵상의 목표는 순종에 있습니다. 묵상을 통해 우리 영혼은 따뜻해지고 성장합니다. 토머스 왓슨은 묵상의 중요성에 대해 다음과 같이 강조했습니다. "우리가 말씀을 읽어도 그토록 냉랭한 이유는 묵상이라는 불에 우리 자신을 쬐어 따뜻하게 하지 않기 때문입니다."

적용을 위한 7가지 질문

말씀을 묵상하면서 그 말씀을 잘 적용하는 길은 역시 질문하는 것입니다. 이번에 하는 질문은 관찰을 위한 질문이 아니라 적용을 위한 질문입니다. 제가 말씀을 묵상할 때 가장 잘 사용하는 질문은 다음 7가지입니다.

첫째, 하나님(성부·성자·성령)에 대해 새로 알게 된 지식은 어떤 것인가?
둘째, 내가 새롭게 발견한 진리는 어떤 것인가?
셋째, 내가 따라야 할 모범은 어떤 것인가?
넷째, 내가 순종해야 할 명령은 어떤 것인가?
다섯째, 내가 피해야 할 오류는 어떤 것인가?
여섯째, 내가 버려야 할 죄는 어떤 것인가?
일곱째, 내가 간구해야 할 약속은 어떤 것인가?

특히 둘째 질문에서 말하는 진리는 삶의 지혜, 통찰력, 인간 이해, 인생 이해, 영적 세계에 대한 이해 등을 의미합니다. 성경 암송이 적용으로 연결될 때, 우리 삶 속에 놀라운 영향력을 끼치게 됩니다.

말씀으로 변화를 경험한다

성경을 이해하고 적용하는 것보다 더 중요한 것은 우리 자신이 성경에 의해 읽혀지는 것입니다. 하나님의 말씀은 살아 있는 성령의 검입니다. 우리가 사용해야 할 영적 무기입니다. 그러나 더욱 중요한 것은 우리가 하나님의 말씀에 의해 읽혀지고 우리 영혼이 말씀의 검에 의해 치료받는 것입니다. 히브리서 4장 12절을 보면 "하나님의 말씀은 살아 있고 활력이 있어 좌우에 날선 어떤 검보다도 예리하여 혼과 영과 및 관절과 골수를 찔러 쪼개기까지 하며 또 마음의 생각과 뜻을 판단하나니"라고 말씀합니다.

하나님의 말씀은 우리 마음의 생각과 뜻을 감찰합니다. 살아 있는 검으로서 하나님 말씀을 경험한 다윗의 고백을 시편 139편 1-7절을 통해 들어 보십시오.

1 여호와여 주께서 나를 살펴보셨으므로 나를 아시나이다 2 주께서 내가 앉고 일어섬을 아시고 멀리서도 나의 생각을 밝히 아시오며 3 나의 모든 길과 내가 눕는 것을 살펴보셨으므로 나의 모든 행위를 익히 아시오니 4 여호와여 내 혀의 말을 알지 못하시는 것이 하나도 없으시니이다 5 주께서 나의 앞뒤를 둘러싸시고 내게 안수하셨나이다 6 이 지식이 내게 너무 기이하니 높아서 내가 능히 미치지 못하나이다 7 내가 주의 영을 떠나 어디로 가며 주의 앞에서 어디로 피하리이까

하나님의 말씀을 이해하고 적용할 때, 우리는 변화를 경험할 수

있습니다. 말씀 앞에 투명한 존재가 될 뿐만 아니라 우리가 암송한 말씀을 실천하게 됩니다. 그때 그 말씀이 존재화되는 것을 경험합니다.

사용할 것을 미리 생각하며 암송하라

성경을 암송할 때는 사용할 것을 미리 생각하면서 하십시오. 인간은 목적 지향적인 존재로 태어났습니다. 목적 달성을 위해 목표를 세우며 살 때 인간은 가장 역동적으로 살 수 있습니다. 성경을 암송할 때도 마찬가지입니다.

교회 학교 교사는 담당한 반 학생들에게 가르칠 것을 생각하십시오. 대표 기도를 맡았다면 암송한 말씀을 사용해서 기도할 것을 생각하십시오. 제자를 양육하고 있다면 양육하고 있는 제자와 암송한 말씀을 나눌 것을 생각하며 암송하십시오. 설교자라면 말씀을 증거할 때 암송한 말씀을 사용할 것을 생각하며 암송하십시오.

목표가 많으면 학습 효과도 좋아진다

제 경험으로는, 목표를 많이 세울수록 학습 효과가 좋아집니다. 특별히 독서할 때 그 현상이 두드러지게 나타납니다. 저는 성경책과 경건 서적과 일반 서적을 읽을 때 많은 목표를 생각하며 읽습니다. 주일 예배 설교와 수요 예배 설교, 새벽 예배 설교, 인도해야 할 세미나, 계획하고 있는 책들, 신문이나 잡지에 기고할 글 등을 생각하면서 책을 읽습니다. 제가 계획하고 있는 모든 것은 주제와 관련되어 있습니다. 그렇기 때문에 책을 읽을 때 책에서 발견한 다양한 주제들을 다양하게 사용할 수 있는 확률이 높아집니다.

저는 많은 사람들에게 글을 쓰도록 권면합니다. 그 이유는 학습의 효율성이 극대화되기 때문입니다. 글쓰기는 단지 책을 출판하고 시집을 출판하기 위해서만 하는 것이 아닙니다. 그보다 더 중요한 것이 있습니다. 그런 목표를 세우고 학습하면 학습에 더 탁월해지기 때문입니다. 학습에 탁월해지면 실력이 쌓입니다. 실력이 쌓이면 더욱 유용하게 쓰임받습니다.

배운 것을 즉시 나눌수록 오래 기억된다

성경을 암송할 때나 학습할 때, 사용할 목표가 많을수록 우리 두뇌는 활발하게 활동합니다. 암송한 것이나 배운 것은 가능한 한 빨리 사용하는 것이 좋습니다. 좋은 내용을 깨달으면 그것을 나누는 일을 뒤로 미루지 마십시오. 즉시 나누십시오. 그리고 반복해서 나누십시오. 반복해서 나누는 것은 부끄러운 일이 아닙니다. 우리가 사용한 것을 즉시 나누는 것은 그냥 마음에 품고 있는 것보다 훨씬 오랫동안 기억에 남습니다.

많이 외울수록 하나님의 도구로 쓰임받는다

암송한 것을 많이 사용할수록 당신은 하나님의 손에 들려져 귀한 도구가 된다는 사실을 잊지 마십시오. 당신이 성경을 암송하는 목적 중 하나는 다른 사람을 섬기기 위한 것임에 틀림없습니다. 그러므로 하나님이 당신을 도와주시도록 기도해야 합니다. 하나님이 말씀을 통해 당신 안에서 일하시도록 당신을 하나님께 드려야 합니다. 하워드 헨드릭스 교수는 《삶을 변화시키는 가르침》에서 이렇게 권면하고 있습니다.

어떻게 느끼든 간에, 당신이 다른 사람들을 섬기기 원한다면 가장 먼저 하나님께 당신을 도와주시라고 간구하라. 하나님은 당신을 통하여 일하기 원하신다. 그러나 그분이 당신 안에서 일하시게 될 때에야 비로소 그렇게 하실 수 있다. 하나님은 당신을 자신의 도구로 사용하기를 원하신다. 그 도구가 연마되고 정결하게 되어서 그분의 손 안에서 더욱 효과적인 연장이 되기를 원하신다.
_ 하워드 헨드릭스, 《삶을 변화시키는 가르침》, 생명의말씀사, 19쪽

기억의 원리를 이해한 후 암송하라

성경 암송을 잘하기 위해서는 기억의 원리를 잘 이해해야 합니다. 어떻게 하면 우리의 두뇌를 잘 사용할 수 있는지를 연구해야 합니다. 하워드 헨드릭스 교수는 "우리에게 필요한 것은 더 좋은 두뇌가 아니라 하나님이 우리에게 주신 두뇌를 좀 더 잘 사용하는 것"이

라고 말했습니다.

기억의 3단계를 이해한다

우리의 기억 능력은 우리가 정보를 기억하는 방법에 달려 있습니다. 보통 암송한 것을 기억하려면 3단계를 거쳐야 합니다.

1단계는 입력 단계(Registration)입니다. 정보를 받아들이는 단계입니다. 입력 단계는 새로운 정보를 받아들이고 그것을 의식화하는 과정입니다. 정보를 단순하게 받아들이는 것이 아니라 정보를 장기적으로 기억하기 위해 받아들이고 그것을 의식화하는 것입니다.

2단계는 보존 단계(Retention)입니다. 받아들인 정보 가운데 필요한 정보를 머릿속에 저장하는 단계입니다. 장기 보존을 위해 마음에 새기는 것입니다.

3단계는 회상 단계(Recall)입니다. 암기하고 있는 내용을 다시 끄집어내는 것입니다. 잘 기억된 내용은 언제든지 머리에 떠오릅니다. 이 단계에서는 연상하고 연결하는 기술이 필요합니다.

기억한 내용을 다시 끄집어내기 위해서는 입체적인 암송 기술을 익혀야 합니다. 회상해 낼 수 있는 체계적인 노력이 거듭 필요합니다. "암송한 것을 아무리 해도 생각해 낼 수가 없다"는 말은 "기억력을 습득하는 체계적인 노력을 전혀 하지 않았다"는 의미입니다. 입체적이고 체계적인 암송 기술은 의지력으로 이룰 수 없는 것들을 해냅니다. 우리는 성경을 암송할 때부터 암송한 말씀을 다시 회상해 낼 것을 생각하며 암송해야 합니다.

충격적인 것이 오랫동안 기억된다

급속히 암기한 것일수록 가장 오래 남는다는 것을 기억력에서 강조하고 싶습니다. 이 말은 충격적인 내용일수록 오래 남는다는 의미입니다. 우리가 아주 오랫동안 기억하고 있는 내용들은 대부분 강한 충격과 함께 기억된 것들입니다. 그때 오감이 사용됩니다. 우리는 우리의 감성에 부딪힌 내용들을 잘 기억합니다. 기쁨, 슬픔, 놀람, 두려움 등은 어떤 감정을 표현한 내용입니다. 이때 입력된 정보들은 대부분 입체적입니다. 내용이 있고, 색상이 있고, 소리가 있고, 특정한 위치에서 일어난 사건이나 교육은 우리 가슴에 오랫동안 남아 있습니다.

오감을 사용해서 기억한다

고든 드라이든 & 재닛 보스의 《학습혁명》을 보면 기억과 감성의 관계를 다음과 같이 설명합니다. "어떤 방법이든지 간에, 무언가 특이하고 재미있으며, 되도록 감성적인 방법을 사용하여 기억하라. 왜냐하면 새로운 정보를 장기 기억시키는 두뇌의 '필터'는 두뇌 안의 감성 중추와 매우 밀접하게 연결되어 있기 때문이다. 그러므로 연관 지으면서 기억할 때, 될 수 있는 한 시각, 청각, 후각, 촉각, 미각과 같은 많은 감각을 이용하라."

우리가 암송하려는 말씀이 하나 이상의 감각과 연결되면, 하나의 감각에 의해서 경험되는 말씀보다 훨씬 기억하기가 쉽습니다. 오감을 모두 사용할 수 있는 사람은 모든 면에서 탁월함을 드러냅니다.

레오나르도 다빈치는 "오감은 영혼을 다스린다"고 말했습니다. 그만큼 오감의 중요성을 강조한 것입니다.

우리는 성경 암송을 위해 감각을 개발할 필요가 있습니다. 감각을 개발하는 것은 고통스러운 일입니다. 사실 민감성이 개발된 사람일수록 고통을 더 많이 경험할 수도 있습니다. 그러나 그런 고통스러운 경험을 통해 우리는 터질 듯한 환희를 경험하게 됩니다. 또한 더욱 많은 것을 깨닫고 느끼게 됩니다. 그래서 마이클 J. 겔브는 "감각은 쾌락과 고통을 나르는 파이프이기도 하지만, 지능의 산파 역할을 하기도 한다"고 말했습니다.

우리가 성경을 암송할 때, 암송하는 말씀을 보고 듣고 만지고 맛보고 냄새까지 맡을 수만 있다면 훨씬 쉽게 기억할 수 있을 것입니다.

예수님은 탁월한 교사이시다

그런 면에서 예수님은 탁월한 교사이십니다. 제자들이 기록한 복음서 내용을 보면 예수님이 오감을 얼마나 잘 사용하여 교육하셨는지를 알 수 있습니다. 복음서의 내용 하나하나를 보면 모두가 충격적인 사건, 인물, 특별한 환경이나 장소, 소리, 색상, 교훈과 연결되어 있습니다.

제자들이 복음서에 기록한 사건들, 즉 예수님이 세례 받으신 사건, 광야에서 마귀의 유혹을 받으신 사건, 산상수훈, 가나 혼인 잔치, 오병이어 사건, 변화산 사건, 죽은 나사로를 살리신 사건, 겟세마네 동산의 사건, 십자가와 부활 사건 등을 생각해 보십시오. 인간의 뇌리에 장기 기억될 수 있는 원리가 이 모든 사건에 적용된 것을 봅니다.

성경에서 사용하고 있는 색상과 이미지는 우리가 잘 기억할 수 있도록 도와줍니다. 어린 양, 가죽옷, 반석, 목자, 피, 흰옷, 포도나무, 무화과, 성막, 성전과 같은 이미지는 우리가 선명하게 기억할 수 있도록 도와줍니다.

특히 예수님이 제자들과 성만찬을 나누시면서 남기신 교훈은 그들의 생애에 결코 잊을 수 없는 사건이며 경험이었습니다. 이는 예수님이 오감을 사용하셔서 그들에게 남기신 교훈이고, 충격적인 사건이기 때문입니다. 떡과 붉은 포도주와 감성이 넘치는 예수님의 표현, 긴박한 분위기와 계속되는 일련의 사건들은, 제자들의 마음에 오래도록 기억될 사건으로 깊이 새겨질 수밖에 없었습니다.

상상력을 동원해서 기억한다

기억하는 데 있어서 상상력은 아주 중요합니다. 상상력을 육감이라고 말하기도 합니다. 오감을 넘어서 육감이라 부르는 상상력을 사용하면 놀라운 학습 효과를 누릴 수 있습니다. 무엇이든지 심상에 새겨진 기억은 오래도록 남기 마련입니다. 상상력은 심상을 형성하고, 심상은 무엇이든지 현실화시켜 주려고 노력합니다.

암송한 것을 회상할 때 상상력은 중요한 역할을 합니다. 회상할 때 중요한 것은 연상하고 연결하는 작용입니다. 그때 상상력을 동원하면 암송한 내용을 빠르고 쉽게 회상할 수 있습니다.

연상은 기억력의 토대입니다. 우리가 어떤 것을 기억하는 것은 이미 알고 있는 것과 관련시킬 수 있기 때문입니다. 암송할 때나 학습할 때, 새로운 것을 이미 알고 있는 것과 연결시키도록 하십시오. 그때 사용되는 것이 상상력입니다.

상상력은 시각화하는 것입니다. 시각화하는 작업을 통해 우리의 모든 감각이 예민해집니다. 그리고 기억력이 증진됩니다. 시각화는 창조성의 문을 열고 들어가는 열쇠와 같습니다. 상상력의 중요성을 레오나르도 다빈치는 다음과 같이 기록하고 있습니다.

내 경험으로 미루어 볼 때, 어둠 속에서 침대에 누워 그동안 연구해 온 것이나 치밀한 성찰 끝에 마음에 품게 된 사물의 윤곽을 상상해 보면 적지 않은 도움을 얻는다. 그리고 이것은 인상 깊은 사물을 기억하는 데 유용한 연습이기도 하다.

_ 마이클 J. 겔브, 《레오나르도 다빈치처럼 생각하기》, 대산출판사, 137쪽 재인용

탁월한 교사이신 예수님은 제자들을 가르치실 때 비유를 많이 사용하셨습니다. 비유는 상상을 자극합니다. 이미 알고 있는 내용을 연상하도록 도와줍니다. 비유로 교훈을 배우면 오래도록 삶에 적용할 수 있습니다. 예수님은 학습을 위해 과장법을 사용하기도 하셨습니다.

낙타와 바늘귀 이야기, 티와 들보 이야기 등은 유머러스할 뿐 아니라 극단적인 비교와 대조로 상상력을 자극합니다. 예수님은 이런

비유를 통해 제자들을 가르치셨습니다. 예수님이 이때 사용하신 언어들은 제자들이 오랫동안 기억할 수 있도록 상상력을 자극하기에 충분했습니다. 성경을 많이 암송하는 것보다 중요한 것은 많이 회상하는 것입니다. 그러기 위해서 다각적인 방법을 시도하십시오.

이때 자신의 학습 스타일을 이해해야 합니다. 고든 드라이든은 "각자의 학습 스타일에 충실하라"고 말합니다. 그는 다음과 같이 학습 스타일에 대해 말합니다.

우리에겐 각자 좋아하는 학습 스타일과 업무 스타일이 있다. 어떤 이들은 사진이나 도표 보는 것을 좋아하고(시각파), 어떤 이들은 듣는 것을 좋아하며(청각파), 어떤 이들은 촉각을 이용하는 것을 좋아한다(촉각파). 어떤 이들은 몸을 움직임으로써(운동 감각파) 더 효과적으로 학습한다. 또 어떤 이들은 '그룹형'이다. 즉 다른 사람들과 이야기하고 의견을 교환하면서 더 효과적으로 학습한다.
_고든 드라이든 & 재닛 보스, 《학습혁명》, 해냄, 53쪽

음악을 사용하면 학습에 효율적이다

학습법에 대해 연구한 사람들 가운데 많은 이들이 학습에 있어서 음악의 효과를 아주 중요시합니다. 음악을 들으면서 학습할 경우에 좌뇌와 우뇌를 동시에 사용함으로써 학습이 극대화된다고 합니다. 체리 풀러는 음악 중에서도 클래식 음악이 지능 개발과 학습에 매우 긍정적으로 작용한다는 사실을 강조합니다. 성경은 음악을 통한

성경 암송과 거룩한 습관

치유와 찬양을 통한 승리에 대해 많이 말씀하고 있습니다. 성경을 암송하거나 묵상할 때, 경건한 찬양을 듣는 것은 아주 좋습니다.

저는 돈 캠벨의 《모차르트 이펙트》를 읽으면서 음악의 치유 능력에 탄복했습니다. 돈 캠벨은 음악을 듣는 중에 치유를 경험한 사람입니다. 그의 책은 소리와 음악에 관한 인간의 선천적 청각 능력을 이용하여 육체적, 심리적 질병을 치료하고 인간의 잠재 능력을 개발하도록 돕고 있습니다. 그는 특별히 모차르트 음악이 어린이의 교육에 지대한 영향을 끼칠 수 있다고 주장합니다. 또한 그는 "음악은 기억력과 학습 능력을 강화시킨다"고 주장합니다.

특별히 학습과 음악에 관해 연구한 이들이 학습할 때 권장하는 클래식 음악은 주로 모차르트, 베토벤, 슈베르트, 비발디의 곡들입니다. 직접 서점에 가서 관련 서적을 구입하여 읽거나, 음악 치료사들의 도움을 받으면 상당히 유익할 것입니다.

주의할 것은, 음악을 들으면서 학습하면 오히려 학습에 방해받는 사람도 있다는 것입니다. 반면, 처음에는 음악에 익숙하지 않아서 학습에 어려움을 조금 겪지만, 시간이 지남에 따라 음악에 익숙해지면서 더 많은 학습 효과를 거두는 사람도 있습니다. 그러므로 자신의 학습 스타일을 잘 아는 것이 중요합니다.

성경 암송을 잘하기 위해서 다각적인 노력을 기울여야 합니다. 성경을 암송할 때 오감을 사용하십시오. 육감이라고 말하는 상상력을 동원하십시오. 비유와 은유를 사용하십시오. 좋은 음악을 활용하십시오. 잘 연상할 수 있도록 충격적이고, 재미있고, 유쾌한 이미

지들을 동원하십시오.

너무 관능적인 암송 기술은 삼간다

이미지를 사용해서 성경을 암송할 때 주의해야 할 점이 있습니다. 너무 이상하거나, 너무 관능적이거나, 너무 부정적인 이미지를 사용함으로써 말씀의 본래 의미를 상실하는 일이 없도록 해야 한다는 것입니다. 암송을 잘하는 것에 주력한 나머지 말씀의 고상한 의미와 깊이를 상실해서는 안 됩니다. 우리의 목표는 성경을 많이 암송하는 기계가 되는 것이 아니라 더욱 거룩해지는 데 있음을 거듭 기억해야 합니다.

체계적으로 반복해서 복습하라

암송한 말씀을 오랫동안 기억하기 위해서는 반복해서 복습해야 합니다. 망각을 막는 중요한 수단은 반복입니다. 러시아 속담에 "반복은 학습의 어머니"라는 말이 있습니다. 반복은 학습의 원리입니다.

성경 속에서 하나님은 반복해서 말씀하시고, 반복해서 말씀을 기록하도록 하셨습니다. 구약의 말씀이 구약 안에서 반복됩니다. 오경 안에서 같은 내용이 반복되고, 역사서 안에서 반복되고, 역사서와 예언서에서 반복됩니다. 구약의 말씀이 신약 안에서 반복됩니다. 특별히 복음서를 보십시오. 공관복음에서는 많은 양의 내용이 반복되고 있습니다.

반복은 대가(大家)를 만든다

반복적인 학습을 통해 깊은 영성에 들어갈 수 있습니다. 리처드 포스터는 영성 훈련에서 학습의 훈련을 아주 중요하게 여깁니다. 그리고 학습의 훈련 중에서 반복은 학습의 원리임을 강조합니다. 그는 학습을 반복, 집중, 이해, 숙고의 네 단계로 설명합니다. 그중 첫 번째 학습 단계인 '반복'의 중요성을 다음과 같이 설명합니다.

> 반복은 사고가 특정 방향으로 향하도록 규칙적으로 이끌어 주어 사고의 습관을 심어 주는 것이다. 우리는 낭송이라는 옛 학습 방법을 경시할 것이다. 그러나 반복되고 있는 것이 무엇인지 모르고 그저 반복만 하는 것도 내적으로 사고에 큰 영향을 끼친다는 사실을 알아야 한다. 뿌리박힌 사고 습관은 오직 반복에 의해서만 형성될 수 있고, 그래서 행동을 변화시킬 수 있다. 이것이 많은 영성 훈련들에서 강조하는 이유의 한 가지이다.
> _ 리처드 포스터, 《영적 훈련과 성장》, 생명의말씀사, 98-99쪽

제가 영성 훈련에서 성경 암송을 강조하는 이유가 여기 있습니다. 성경 암송은 영성 훈련의 뿌리요, 깊은 영성의 뿌리가 되기 때문입니다. 성경 암송 훈련은 반복의 훈련입니다. 반복은 훈련의 원리입니다. 반복적인 연습은 대가를 만듭니다. 탁월함에 이르기 위

해서는 반복의 원리를 소중히 여겨야 합니다.

성경 암송을 할 때, 반복해서 복습하는 것보다 중요한 것은 없습니다. 충분히 복습하지 않으면 결국은 암송한 것의 대부분을 잊어버리게 됩니다. 기억력을 한층 강화하고 향상시키기 위해서는 암송한 즉시 복습해야 합니다. 그리고 앞으로 외울 말씀을 예습하는 것이 좋습니다.

반복적인 복습이 성경 암송의 비결이다

학습의 원리에서는 처음과 마지막에 재빨리 예습하고 복습하는 것이 중요합니다. 예습과 복습을 통해 자신이 알고 있는 내용이 분명해지면 자신감이 생깁니다. 자신감이 생기면 다음에 암송할 말씀에 더욱 확신을 가지고 도전하게 됩니다. 우리가 알아야 할 기억 리듬이 있습니다. 학습 후 몇 분 동안은 학습한 것의 대부분이 그대로 보존됩니다. 그러나 학습 후 24시간 이내로 학습한 것의 80%가 기억에서 사라집니다. 이러한 기억력을 떨어뜨리지 않고 계속해서 상승하도록 하는 길은 반복적인 복습밖에 없습니다.

예를 들어, 1시간 동안 공부했다면 첫 번째 복습은 10분 후, 두 번째 복습은 24시간 후에 이루어져야 합니다. 경험해서 알겠지만, 복습하는 데는 시간이 많이 들지 않습니다. 복습 주기는 자신이 암기한 말씀을 까먹지 않을 만큼의 시간을 두고 일정 기간마다 점검하는 것입니다. 하루 후, 일주일 후, 한 달 후, 반년 후 등 일정한 주기를 두고 암기한 내용을 반복하는 것입니다.

성경 암송을 잘하는 것은 지능의 문제라기보다 반복적인 복습의 문제입니다. 말씀을 사랑하는 마음으로 거듭 반복해서 복습하면 누구보다도 말씀 암송을 잘할 수 있습니다.

기계적인 반복이 아니라 창조적인 반복을 한다

암송한 말씀을 반복해서 복습하는 이유는 단순히 잘 암기하기 위해서가 아닙니다. 암송한 말씀을 반복해서 복습하는 이유는 잘못을 바로잡기 위해서입니다. 반복을 통해 잘못을 개선하고 더욱 발전하기 위해서는 기계적인 반복이 아닌 창조적인 반복을 해야 합니다. 잘못된 것을 기계적으로 반복하면 아주 위험합니다.

말씀을 반복해서 복습하는 이유는 깊이 이해하기 위해서입니다. 말씀을 반복해서 복습하면 말씀을 우리 생각에서 익히게 됩니다. 생각을 익히면 깨달음이 깊어집니다. 그때 말씀은 우리 마음에 더욱 깊이 새겨집니다. 우리는 이해하는 것만을 기억합니다. 또한 이해는 이미 알고 있는 지식에 새로운 지식을 덧붙임으로써 쉬워집니다. 알고 있는 말씀을 거듭 복습하면, 이미 알고 있는 말씀들이 함께 만나면서 더욱 깊은 깨달음에 이르게 됩니다. 또한 새로운 말씀을 암송할 때 이전보다 훨씬 더 잘 깨닫게 됩니다.

있는 자는 받아 넉넉하게 된다

우리 안에 말씀이 충만할수록 우리는 말씀을 더욱 깊이 이해하게 됩니다. 지혜도 충만해집니다. 말씀을 통해 믿음도 충만해집니다.

믿음이 충만해질 때 확신도 충만해집니다. 또한 마음에 더욱 많은 말씀을 새길 수 있게 됩니다. 학습의 원리는 하나님 나라의 원리와 같습니다. 예수님은 "무릇 있는 자는 받아 넉넉하게 되되 없는 자는 그 있는 것도 빼앗기리라"(마 13:12)고 말씀하셨습니다.

글로 쓰면 더욱 명료해진다

복습할 때 종이에 적어 가면서 체계적으로 복습해 보십시오. 글로 쓰면 학습 효과가 더 높습니다. 도슨 트로트맨은 "혀끝과 펜 끝을 통해 진리는 명료해진다"고 말했습니다. 우리가 알고 있는 성경 말씀과 진리는 글로 쓰는 순간에 더욱 명료해집니다. 글로 쓸 때 글의 내용이 우리 심상에 깊이 새겨집니다.

여선구 씨가 쓴 《페이퍼 학습법》은 좋은 방법입니다. 각자 학습 스타일이 다르므로 강요할 수는 없지만, 다양한 학습법을 연구해서 자기 스타일에 맞는 학습법을 터득하는 것이 좋다는 것은 분명합니다. 그리고 중요한 것은 어떤 학습법이든지 일단 시도해 보는 것입니다. 문제는 안 하는 것이지 못하는 것이 아닙니다.

제가 여선구 씨의 '페이퍼 학습법'을 추천하는 이유는 성경 암송을 반복해서 복습하는 데 유익하기 때문입니다. 페이퍼 학습법은 학습 내용을 요약해서 옮겨 적고 반복해서 복습하는 학습법입니다. 페이퍼 학습법의 장점은 단순한 반복이 아니라 책 전체를 읽고 이해하고 요약한 후에 반복한다는 것입니다.

학습할 때 페이퍼에 기록하는 것은 기억과 대체하기 위해서가 아닙니다. 기억을 자극하기 위해서입니다. 기억을 더욱 잘하기 위해 학습의 핵심 내용을 요약해서 기록한다면 이는 지혜로운 일입니다. 암송하기 원하는 말씀의 주제, 장절, 그리고 내용을 페이퍼에 기록하면 기억을 자극하는 데 도움이 됩니다. 또한 암송하는 구절을 시각화하는 데 도움이 됩니다. 암송하는 구절 옆에 그림을 그리거나 인상적인 요점 단어를 기록해 둔다면 연상하는 데 큰 도움이 될 것입니다.

페이퍼 학습법의 장점은 학습 내용을 한눈에 볼 수 있다는 것입니다. 전체를 보고 부분을 본다는 것과 또한 알고 있는 내용을 점검하고 축적해 간다는 점에서 성경적인 학습 원리를 잘 적용하고 있습니다. 페이퍼 학습법은 잘 준비한 페이퍼로 기억에 손잡이를 달아 준다는 원리입니다.

전체를 한눈에 볼 수 있어야 한다

성경 암송을 할 때도 페이퍼를 이용해서 자신이 암송하고 있는 전체 목록을 기록해 보는 것이 좋습니다.《5차원 전면교육학습법》을 쓴 원동연 박사는 학습을 잘하기 위해서는 고공비행을 하라고 강조합니다. 전체를 보라는 것입니다. 성경 암송도 같은 원리를 적용해야 합니다.

암송 카드의 단점은 전체를 보지 못한다는 데 있습니다. 그렇기 때문에 자신이 암송하고 있는 내용의 전체 개요를 적어서 복습할 때 사용하면 지혜로운 대처 방안이 될 것입니다. 특별히 네비게이토에서 나온 제자훈련에 관한 책들과 성경 암송 계획은 전체를 한 눈에 볼 수 있도록 준비되어 있습니다. 그럼에도 불구하고 그것을 페이퍼에 옮겨서 암송하면 전체 윤곽을 이해하는 데 도움이 됩니다. 성경 암송도 전략적인 방법을 사용해야 합니다. 체계적이고 조직적이고 구체적일수록 좋습니다.

처음에는 느리지만 나중에는 빠른 길이 된다

페이퍼를 통해 반복해서 복습하는 것이 처음에는 느린 것 같지만 나중에는 훨씬 빠른 길임을 깨닫게 됩니다. 저는 미국에서 공부할 때 주로 페이퍼 학습법을 통해 시험 준비를 했습니다. 결과는 아주 좋았습니다.

페이퍼 학습법 외에 《마인드맵》에 나오는 학습법도 좋습니다. 하워드 헨드릭스 교수도 《리더십이 자라는 창의력 혁명》이라는 책에서 마인드맵을 창의력 개발에 좋은 방법으로 추천하고 있습니다. '마인드맵'은 페이퍼 중심에 핵심 아이디어를 놓고 아이디어를 전개해 나가는 학습법입니다. 아이디어 트리와 같이 아이디어들을 전개시켜 나갑니다. 성경을 체계적으로 공부하고 암송할 때, 마인드맵의 원리를 사용하면 좋습니다.

반복하면 말씀의 검이 더욱 날카로워진다

말씀을 거듭 반복해서 복습하는 것을 주저하지 마십시오. 귀찮아 하지 마십시오. 말씀을 거듭 반복해서 복습하는 것은 무딘 철 연장을 가는 것과 같습니다. 연장을 잘 갈수록 사용할 때 힘이 덜 듭니다.

철 연장이 무디어졌는데도 날을 갈지 아니하면 힘이 더 드느니라 오직 지혜는 성공하기에 유익하니라 전 10:10

하나님의 사람의 연장인 말씀의 검을 자주 갈아 두십시오. 자유자재로 사용할 수 있게 됩니다. 반복해서 성경을 암송하고 사용할수록 우리 손에 있는 말씀의 검은 더욱 날카로워지고, 더욱 빛을 발하게 될 것입니다.

성경 통달을 위해 암송하라

하나님의 사람은 하나님을 섬기는 일에 통달해야 합니다.

히스기야는 여호와를 섬기는 일에 능숙한 모든 레위 사람들을 위로하였더라 이와 같이 절기 칠 일 동안에 무리가 먹으며 화목제를 드리고 그의 조상들의 하나님 여호와께 감사하였더라 대하 30:22

우리는 하나님을 섬기는 일에 통달하기 위해서 성경 말씀에 통달할 수 있도록 자신을 연마해야 합니다.

성경 통달은 진리의 맥과 연결시키는 것이다

성경 통달은 연결시키는 작업입니다. 암송한 말씀을 성경의 주제이신 예수님께 연결시키는 것입니다(요 5:39). 성경의 핵심이 되는 진리의 맥과 연결시키는 것입니다. 예를 들면 하나님을 아는 삶, 하나님을 닮아 가는 삶, 하나님의 일을 이루는 삶, 하나님의 이름, 하나님의 나라, 하나님의 영광, 복음, 십자가의 도, 어린 양의 보혈, 성령의 생수, 말씀의 능력 등과 같은 중요한 맥을 연결시키는 것입니다.

또한 성경의 진리를 이해하기 위해 필요하고 중요한 주제들을 연결시키는 것입니다. 즉, 하나님을 경외함, 사랑, 영생, 기도, 교제, 전도, 제자도, 지혜, 순종, 겸손, 거룩, 온유, 절제, 은사, 열매, 은혜, 감사, 헌신, 인도, 약속, 마음, 언약 등과 같은 주제들을 연결시켜 가며 암송하는 것입니다.

이때 중요한 것은 처음에는 항상 작게 시작한다는 것입니다. 작게 시작하되 철저하게 암송하면서, 알고 있는 내용을 새롭게 암송하는 내용과 연결시키는 것입니다.

연상하고 연결할 때 말씀의 시너지가 생긴다

학습한 내용을 보존하고 축적하고 사용하기 위해서 중요한 것은 이미 알고 있는 내용들을 연상해서 연결하는 것입니다. 토니 부잔은 "우리가 어떤 것을 기억하고자 한다면, 그것을 이미 알고 있는 내용과 연결시키기만 하면 된다"고 말했습니다.

성경을 반복해서 암송하고 묵상할 때 말씀이 우리 안에서 연결되고 상승효과도 일어납니다. 성경 말씀을 연결시키면서 깨달은 주제나 개념을 잊지 않도록 반복해서 묵상하십시오. 그리고 알고 있는 것들을 잊지 않은 상태에서 또 다른 주제와 개념들을 터득하십시오. 그때 성경 통달에 이르는 길에 들어서게 됩니다.

자주 사용하는 말씀은 늘 가까이에 둔다

저의 경우는 자주 사용하는 성경 말씀을 반복해서 암송합니다. 너무 쉽고 다 아는 말씀을 반복해서 암송하는 데도 방심하면 안 됩니다. 깨진 바가지도 사용하기 위해 찾으면 없을 때가 있다는 사실을 명심해야 합니다. 그렇기 때문에 우리가 흔히 잘 사용하는 말씀과 명언 그리고 예언들을 가까이에 두어야 합니다.

누구나 다 아는 말씀에서 시작하십시오. 아주 일반적이면서 익숙한 말씀을 먼저 암송해야 합니다. 사람들은 아는 것을 서로 확인받고 싶어 합니다. 가능하면 아주 단순한 말씀에서 시작하여 깊은 진리로 점진적으로 발전해 나가는 것이 좋습니다. 성경을 연결시킬 때 조직적이고 체계적이면 더욱 좋습니다. 구약과 신약을 연결시키고, 복음서와 서신서를 연결시키면 좋습니다.

연결시키고, 또 연결시킨다

연결시킬 때 비교와 대조의 원리, 원인과 결과의 원리, 문제와 해결책의 원리, 점진적 계시의 원리를 따르면 효과적입니다. 우리는 성경 말씀을 비교 대조하면서 암송하는 과정을 통해 성경 통달의 깊이를 더할 수 있습니다. 이 과정을 통해 통합적인 사고 능력이 발달합니다. 비슷한 것을 연결시킬 뿐 아니라 대조되는 말씀을 함께 암송할 때도 말씀을 더욱 깊이 깨달을 수 있습니다. 성경에 나타난 인물, 사건, 장소 사이의 유사성과 차이점을 마음에 두고 성경 말씀을 연결시켜 보십시오.

특별히 문제와 문제에 대한 해결책을 주시는 말씀을 연결시켜 암송해 보십시오. 성경에 나타난 인간의 핵심적인 문제점들과 성경에서 말씀하고 있는 가능한 해결책을 잘 연결시켜 암송해 보십시오. 죄의 문제, 구원의 문제, 고난의 문제, 질병의 문제, 가난의 문제, 꿈과 성취의 문제, 실패의 문제, 성공의 문제, 고통의 문제, 연약함의 문제, 염려의 문제, 두려움의 문제, 의심의 문제, 침체의 문제, 인간관계 갈등의 문제, 회복의 문제, 나태의 문제, 탐욕의 문제, 사탄의 문제 등 가장 많이 고민하는 문제들과 그 해결책들을 말씀 속에서 찾아 서로 연결시켜 보십시오.

성경 통달은 한순간이 아닌 일평생의 과업이다

연상과 연결을 통한 성경 암송은 과학적이며 동시에 영적인 방법입니다. 성경 통달의 과정은 한순간에 이루어지지 않습니다. 서서히 이루어집니다. 일평생 올라야 할 산입니다. 성경 통달의 경험은 높은 산에 올라 생각하지 못한 극적인 정경을 보는 것과 같습니다. 성경 통달을 위해 성경을 암송할 때, 우리는 차츰 더 깊은 것을, 높은 것을, 신비로운 것을, 그리고 많은 것을 보게 됩니다.

성경 말씀은 서서히 우리의 기억과 연결됩니다. 반복을 통해 새로운 생각의 패턴을 형성합니다. 반복을 통해 마음의 습관이 생깁니다. 종종 암송하고 기억하는 것보다 잊어버리는 것이 더 많다는 느낌을 받을 것입니다. 그때 절대로 포기해서는 안 됩니다. 너무 많이 기억하기 때문에 혼돈을 경험할 때도 있습니다. 그러나 걱정하지 마십시오. 두뇌는 많이 사용한다고 문제가 생기지 않습니다. 두뇌는 얼마든지 개발될 수 있습니다.

두뇌가 지치지 않게 한다

두뇌는 사용하지 않아서 문제입니다. 결코 사용함으로 인해 문제가 생기지 않습니다. 중요한 것은 지혜롭게 두뇌를 사용해서 두뇌가 지치지 않도록 하는 것입니다. 두뇌가 잘 움직일 수 있도록 생각과 생각 사이에 간격을 두십시오. 적절한 휴식과 묵상 그리고 침묵 기도는 두뇌에 안식을 제공합니다.

좋은 음악을 듣고, 산책을 하고, 깊은 심호흡과 하품 그리고 웃는 것은 두뇌를 숨 쉬게 합니다. 집착과 초연에 균형을 이루십시오. 어떤 문제가 생겼을 때 집중해서 생각하십시오. 집요하게 그 문제를 해결하려고 노력하십시오. 그러나 동시에 초연할 줄도 알아야 합니다. 제 경우, 집착하던 것을 잠시 내려놓고 안식을 취했을 때나 잠을 자고 일어나는 바로 그 순간에 놀라운 아이디어가 떠오르는 것을 자주 경험했습니다.

어떤 일에 너무 집착하거나 몰두하면 판단력이 흐려질 수도 있습니다. 그때는 잠시 일손을 놓고 휴식을 취하는 것이 좋습니다. 얼마간 휴식을 취한 후에 일을 다시 시작하면 판단력이 회복되고 창의력이 생기곤 합니다. 저는 홀로 고독하게 묵상하는 시간을 정기적으로 갖습니다. 그때 창의적인 통찰력을 얻곤 합니다.

두뇌를 사용할 때는 가능하면 두뇌가 입체적인 방법으로 움직일 수 있도록 하십시오. 상상력, 색상, 소리, 내용이 함께 어우러지도록 하십시오. 좌뇌와 우뇌가 함께 작용할 수 있도록 하십시오. 좌뇌는 언어, 논리, 숫자, 연속된 면, 세부적인 것 보기, 직선, 상징적인 표현, 판단과 관련되어 있습니다. 반면에 우뇌는 이미지, 리듬, 음악, 상상력, 색상, 전체 보기, 패턴, 감정 등 비판단적인 것과 관련되어 있습니다. 좌뇌와 우뇌가 함께 만날 때 창의력이 생깁니다. 좌뇌와 우뇌를 함께 사용해서 암송하고 학습할 때 최대의 효과를 발휘할 수 있습니다.

저수지가 넘치듯이 말씀을 가득 채운다

학습의 원리 가운데 초과 학습의 원리가 있습니다. 같은 주제에 대해 아주 많이 알면 어느 순간에 저절로 깨달아지면서 알고 있는 지식이 잘 배열되고 정리되는 것입니다. 저는 초과 학습의 원리를 통해 성장했습니다. 어떤 주제든지 연구를 시작하면 매우 많은 양을 학습합니다. 성경 암송, 성경 연구, 설교 준비, 강의 준비도 마찬가지입니다. 초과 학습 과정을 통해 점점 지식이 축적되면서, 어느 날 모든 개념들이 조직화되고 연결되는 것을 경험했습니다.

초과 학습은 힘들지만, 도전하면 누구나 할 수 있습니다. 고든 맥도널드는 초과 학습을 공격적인 학습법이라고 표현했습니다. 지금 당장 필요하지는 않지만 앞을 내다보면서 책을 읽고 공부하는 자세입니다. 그런 과정으로 초과 학습을 하면, 알고 있는 지식이 눈덩이처럼 커져 갑니다.

초과 학습의 원리는 저수지의 원리와 같습니다. 일정 기간 동안 저수지에 물을 가득 채우면 나중에는 물이 차고 넘쳐흐릅니다. 물을 길어 낼수록 시원하고 맑은 물을 주는 오래된 우물처럼 당신 안에 말씀을 가득 채우십시오. 말씀의 저수지가 되십시오. 말씀의 기갈로 고통받는 영혼들에게 말씀의 생수를 마음껏 나누어 주십시오. 나누면 나눌수록 풍성해지는 것이 말씀입니다. 축복입니다. 사랑입니다.

마음의 완전함과 손의 능숙함으로 하나님을 섬긴다

다윗은 하나님이 자신을 이스라엘의 목자로 세우셨을 때 마음의 완전함과 그 손의 능숙함(with skillful hands)으로 백성들을 지도했습니다. 다윗은 시편 78편 72절에서 이렇게 고백합니다.

이에 그가 그들을 자기 마음의 완전함으로 기르고 그의 손의 능숙함으로 그들을 지도하였도다

하나님의 사람은 마음의 완전함과 손의 능숙함으로 하나님을 섬

겨야 합니다. 하나님을 섬기는 일에 통달한 레위 사람들처럼 우리도 하나님을 섬기는 일에 통달해야 합니다. 성경 통달을 목표로 삼고 성경 암송을 시도하십시오. 성경 통달을 열망하고 성경을 암송하는 당신의 삶 속에 임할 하나님의 축복은 매우 놀랍습니다. 거룩한 기대를 가지고 성경을 꾸준하게 암송하길 바랍니다.

예수님처럼 걸어 다니는 성경이 된다

한국 교회는 다시 말씀으로 돌아가야 합니다. 우리의 신앙 선배들이 부르짖었던 성서 조선, 성서 한국의 영적 슬로건을 다시 부르짖어야 합니다. 이삭이 아버지 아브라함이 팠던 우물을 다시 판 것처럼 우리는 말씀의 우물을 다시 파야 합니다. 변화하는 시대에 불멸하는 말씀으로 세상을 변화시켜야 합니다. 시대는 변해도 인간의 문제는 변하지 않습니다. 에이즈는 치료할 수 있을지 몰라도 인간의 죄악은 인간 스스로 치료할 수 없습니다. 오직 피 묻은 복음의 말씀으로, 오직 예수님의 이름으로, 오직 예수님의 보혈로 치료할 수 있습니다.

세계가 우리를 기다리고 있습니다. 선교 한국을 세우기 위해 성서 한국을 세워야 합니다. 온 교회가 성경을 암송하고, 연구하고, 묵상하는 일을 다시 시작해야 합니다. 하나님은 말씀을 버린 사울을 버리셨습니다(삼상 15:23). 그러나 말씀을 붙잡은 다윗은 귀하게 사용하셨습니다. 예수님은 말씀으로 오셨습니다. 말씀이 육신이 되셨습니다. 말씀을 읽으셨고, 암송하셨고, 묵상하셨습니다. 말씀에 통달하셨습니다. 우리도 예수님처럼 걸어 다니는 성경이 되어야 합니다. 우리 민족의 살길이 여기에 있습니다. 성서 한국을 세우는 것입니다. 오직 그 길만이 살길입니다. 성서 한국을 통해 하나님을 아는 지식이 온 땅에 충만한 날이 오기를 기도합니다.

암송을 위한 질문 ||||||||||||||||||||||||||||||

☑ 나는 말씀을 즐거워하는 사람입니까? 성경 암송에 호기심과 흥미를 느끼고 즐겁게 할 수 있으려면 어떻게 해야 할까요?

☑ 나는 성경 말씀을 볼 때 섬세하게 관찰합니까?

☑ 암송한 말씀 중에 감동을 받은 구절이 있습니까? 어떤 면에서 감동을 받았습니까?

☑ 나는 암송한 성경 구절을 삶에서 얼마나 적용하고 있습니까? 말씀에 비추어 나 자신을 살피고, 말씀으로 변화되는 경험을 해보았습니까?

☑ 나는 성경 암송을 어떤 이유로 하고 있습니까? 내가 하는 일이나 직분, 목표에 맞게 구체적인 사용 목적을 생각해 보세요.

☑ 기억력을 높이기 위한 체계적인 노력을 해보았습니까? 기억의 3단계, 오감, 상상력, 음악 등을 동원하여 성경 암송을 해보세요.

☑ 성경을 반복해서 암송하고, 여러 번 복습하는 습관이 있습니까? 종이에 적어 암송하거나 마인드맵을 활용하여 전체를 보며 외운 적이 있습니까? 반복하여 암송한 말씀으로 깊은 깨달음을 얻은 경험이 있습니까?

☑ 성경 통달의 의미가 무엇이라고 생각합니까? 내가 외운 성경 말씀을 서로 연결하고 비교 대조하며 살펴본 적이 있습니까? 성경 지식이 축적되면서 말씀의 은혜가 넘쳐흐르는 경험을 해본 적이 있습니까?

4부

성경 암송의 태도

기술보다
마음가짐이 중요하다

성경 암송을 하는 사람에게 가장 중요한 것은 마음가짐입니다. 암송하는 기술보다 어떤 태도로 말씀을 암송하느냐가 더욱 중요합니다. 마음가짐만 바로 가지고 있으면 성경 암송은 보배로운 삶의 습관이 될 수 있습니다. 또한 성경 암송을 통해 놀라운 축복을 경험할 수 있습니다. 성경 암송을 어떻게 대하느냐에 따라 우리의 마음가짐이 결정됩니다.

우리 인생에서 성공과 실패는 무엇을 보느냐보다 어떻게 보느냐에 따라 결정됩니다. 가장 무서운 적은 우리 내면에 있습니다. 우리가 먼저 극복해야 할 것은 우리 마음입니다. 그리고 우리 자신입니다. 잰 크리스찬 스머츠는 "사람은 그의 적에게서가 아니라 그 자신에게 패배당하는 것"이라고 말했습니다.

긍정적인 태도는 내면의 전투를 승리로 이끄는 첫 번째 열쇠입니다. 긍정적인 태도는 긍정적인 행동을 낳습니다. 그리고 긍정적인 결과를 낳습니다. 인생에서 승리하기 위해서는 자신과 경쟁하는 훈련을 해야 합니다. 자신을 이기고 자신을 앞서는 사람이 되어야 합니다.

스튜어트 존슨은 "인생에서 우리의 과업은 다른 사람들을 앞서는 것이 아니라 우리 자신을 앞서는 것이다. 우리 자신의 기록을 깨고 우리의 어제를 오늘로써 능가하는 것이다"라고 말했습니다.

그렇다면 성경 암송을 통해 삶의 성숙을 추구하는 사람이 가져야
할 마음 자세는 무엇일까요?

4부 성경 암송의 태도

12장
말씀을 사랑하는 마음이 기초다

사랑하는 마음

성경 암송은 사랑하는 마음에서 시작됩니다. 사랑은 관심입니다. 우리는 사랑하는 것과 많은 시간을 보냅니다. 사랑하는 것을 즐거워합니다. 시편 기자는 여호와의 율법을 즐거워했습니다(시 1:2). 우리는 사랑하는 것을 가장 가까이에 둡니다. 사랑하는 것을 늘 생각합니다. 사랑하면 이해합니다. 사랑하면 알게 됩니다. 사랑하는 것은 오랫동안 기억합니다. 마음에 깊이 새깁니다. 그렇기 때문에 사랑하는 마음이 성경 암송의 기초입니다.

성경 암송을 할 때 사랑하는 마음이 중요한 것은 사랑과 배움이 비례하기 때문입니다. 성경을 암송하는 이유는 하나님을 사랑하기 위해서입니다. 신명기 6장에 나오는 이스라엘의 교육 헌장도 하나님을 사랑하기 위한 것임을 알 수 있습니다. 신명기 6장 5-6절을 보십시오.

5 너는 마음을 다하고 뜻을 다하고 힘을 다하여 네 하나님 여호와를 사랑하라 6 오늘 내가 네게 명하는 이 말씀을 너는 마음에 새기고

성경 암송은 하나님을 사랑하기 위한 것입니다. 배움의 정도는 사랑의 정도와 비례합니다. 사랑하는 만큼 배울 수 있습니다. 사랑할 때 배움의 세계가 열립니다. 사랑 속에 진정한 배움이 있습니다. 어떤 분야를 배우기 위해서는 그 분야를 사랑해야 합니다. 그 분야를 가르치는 선생님을 사랑해야 합니다.

성경 암송을 잘하기 위해서는 말씀을 주신 하나님을 사랑해야 합니다. 말씀은 하나님의 음성입니다. 사랑하면 그 사람의 음성을 듣고 싶어 합니다. 마찬가지로, 하나님을 사랑하면 하나님의 음성을 듣고 싶어 합니다. 우리는 그분의 음성을 듣고 싶어 하는 마음으로 말씀을 암송해야 합니다.

또한 말씀을 암송할 때 말씀 자체를 사랑해야 합니다. 사랑할 때 우리는 암송을 더 잘할 수 있고 암송한 것을 오래도록 간직할 수 있습니다. 제자들이 예수님이 하신 말씀을 마음에 보존할 수 있었던 근거는 예수님을 사랑하고, 그 말씀을 사랑했기 때문입니다.

하나님을 경외하는 마음

우리가 성경을 암송하는 것은 하나님을 경외하기 위해서입니다. 하나님을 경외하는 것은 최고의 지식이요, 최상의 지혜입니다. 잠언 1장 7절을 보면 "여호와를 경외하는 것이 지식의 근본이거늘 미련한 자는 지혜와 훈계를 멸시하느니라"고 말씀합니다. 또한 잠언 9장 10절은 "여호와를 경외하는 것이 지혜의 근본이요 거룩하신 자를 아는 것이 명철이니라"고 말씀합니다.

하나님을 경외하는 삶은 성경에서 발견할 수 있는 거대한 물줄기입니다. 성경의 큰 맥입니다. 이사야는 장차 오실 예수님에 대해 "그가 여호와를 경외함으로 즐거움을 삼을 것"(사 11:3)이라고 예언했습니다. 하나님의 중요한 관심사는 우리 마음에 하나님을 경외하는 마음을 심는 것입니다. 예레미야 32장 39-40절은 이렇게 말씀합니다.

39 내가 그들에게 한 마음과 한 길을 주어 자기들과 자기 후손의 복을 위하여 항상 나를 경외하게 하고 40 내가 그들에게 복을 주기 위하여 그들을 떠나지 아니하리라 하는 영원한 언약을 그들에게 세우고 나를 경외함을 그들의 마음에 두어 나를 떠나지 않게 하고

하나님은 여호와를 경외하는 마음을 품고 사는 사람에게 놀라운 복을 약속하셨습니다. 예레미야 32장 41절을 보면 "내가 기쁨으로

그들에게 복을 주되 분명히 나의 마음과 정성을 다하여 그들을 이 땅에 심으리라"고 말씀합니다.

하나님이 보시기에 말씀을 암송하는 사람이 귀한 이유는 그가 하나님을 경외하기 때문입니다. 하나님은 말씀을 멸시하는 사람을 패망하게 하시고(잠 13:13), 말씀을 버린 사람을 버리십니다(삼상 15:23). 그러나 하나님의 말씀을 사랑하는 자에게는 평안을 선물로 주시고 장애물이 없게 하십니다.

주의 법을 사랑하는 자에게는 큰 평안이 있으니 그들에게 장애물이 없으리이다 시 119:165

이사야 33장 6절을 보면 "네 시대에 평안함이 있으며 구원과 지혜와 지식이 풍성할 것이니 여호와를 경외함이 네 보배니라"고 말씀합니다. 하나님을 경외하는 것이 보배입니다. 하나님을 경외하는 마음으로 말씀을 암송하십시오. 또한 말씀을 암송함으로써 하나님을 더욱 경외하십시오. 하나님을 경외하라는 것은 하나님을 무서워하라는 뜻이 아닙니다. 하나님을 사랑하고 존귀히 여기라는 뜻입니다. 하나님을 최우선에 두라는 뜻입니다. 모두가 다윗처럼 하나님을 경외하고 우리 후손에게 하나님 경외하는 법을 성경 암송을 통해 가르치기를 원합니다(시 34:9-11).

예수님을 목표로 삼는 마음

우리가 성경을 암송하는 최상의 목표는 '예수님'이라는 사실을 마음에 새겨야 합니다. 예수님을 아는 지식을 얻고 예수님을 존귀하게 하기 위해서 우리는 성경을 암송해야 합니다.

바울의 삶의 목표는 오직 예수님이었습니다. 그는 예수님을 알기 위해 모든 것을 배설물로 여겼습니다. 바울은 "그러나 무엇이든지 내게 유익하던 것을 내가 그리스도를 위하여 다 해로 여길 뿐더러 또한 모든 것을 해로 여김은 내 주 그리스도 예수를 아는 지식이 가장 고상하기 때문이라 내가 그를 위하여 모든 것을 잃어버리고 배설물로 여김은 그리스도를 얻고 그 안에서 발견되려 함이니 내가 가진 의는 율법에서 난 것이 아니요 오직 그리스도를 믿음으로 말미암은 것이니 곧 믿음으로 하나님께로부터 난 의라"(빌 3:7-9)고 말했습니다.

바울의 목표는 주님을 존귀하게 하는 것이었습니다. 또한 바울이 존재하는 이유도 그리스도였습니다. 그는 "나의 간절한 기대와 소망을 따라 아무 일에든지 부끄러워하지 아니하고 지금도 전과 같이 온전히 담대하여 살든지 죽든지 내 몸에서 그리스도가 존귀하게 되게 하려 하나니 이는 내게 사는 것이 그리스도니 죽는 것도 유익함이라"(빌 1:20-21)고 고백합니다.

하나님의 말씀을 우리 마음에 모신다는 것은 말씀이신 예수님을 모신다는 뜻입니다. 말씀으로 우리 마음을 충만하게 한다는 것은 우리 마음을 예수님으로 충만하게 한다는 뜻입니다. 우리가 성경을 암송하는 것은 모든 이론을 사로잡아 예수님께 복종시키기 위함입니다. 고린도후서 10장 5절을 보면 "하나님 아는 것을 대적하여 높아진 것을 다 무너뜨리고 모든 생각을 사로잡아 그리스도에게 복종하게 하니"라고 말씀합니다.

예수님을 깊이 알고 그분을 기쁘시게 하기 위해 성경을 암송하십시오. 예수님을 목표로 삼는 마음을 가지고 성경을 암송하십시오.

성령님을 의지하는 마음

성경 암송은 성령님의 사역입니다. 성경은 성령님의 영감으로 쓰인 책입니다. 성령님의 도움 없이는 성경 암송의 깊은 세계 속에 들어갈 수 없습니다. 성경 암송의 높은 경지에 올라갈 수 없습니다. 말씀은 성령님의 검입니다. 성령님만이 말씀을 암송하도록 도와주시고, 그 말씀을 자유자재로 사용할 수 있도록 도와주십니다.

성경 암송을 통해 하나님의 깊은 뜻을 알기 위해서는 항상 성령님의 도우심을 받아야 합니다. 왜냐하면 성령님만이 하나님의 깊은 것에 통달하시기 때문입니다. 고린도전서 2장 10절을 보면 "오직 하나님이 성령으로 이것을 우리에게 보이셨으니 성령은 모든 것 곧 하나님의 깊은 것까지도 통달하시느니라"고 말씀합니다. 바울은 또한 "우리가 이것을 말하거니와 사람의 지혜가 가르친 말로 아니하고 오직 성령께서 가르치신 것으로 하니 영적인 일은 영적인 것으로 분별하느니라"(고전 2:13)고 말합니다.

힘으로도 되지 않고 능력으로도 되지 않는 일이 성령님을 통해서는 가능합니다. 스가랴 4장 6절을 보십시오.

그가 내게 대답하여 이르되 여호와께서 스룹바벨에게 하신 말씀이 이러하니라 만군의 여호와께서 말씀하시되 이는 힘으로 되지 아니하며 능력으로 되지 아니하고 오직 나의 영으로 되느니라

성령님은 우리가 인내를 가지고 성경을 암송할 수 있도록 도와주십니다. 오래 참는 것과 자기 절제는 성령님의 열매입니다(갈 5:22-23). 성령님이 우리 속사람을 강건하게 해주실 때 우리는 인내할 수 있고, 우리 자신을 절제할 수 있습니다. 바울은 성도들을 위해 "그의 영광의 풍성함을 따라 그의 성령으로 말미암아 너희 속사람을 능력으로 강건하게 하시오며"(엡 3:16)라고 기도했습니다. 우리도 성경을 암송할 때마다 우리 속사람을 능력으로 강건하게 해달라고 기도해야 합니다.

성경을 성령님과 함께 암송해야 하는 가장 중요한 이유는, 그분은 생각나도록 도우시는 분이기 때문입니다. 우리가 성경을 암송하는 목적은 나중에 필요할 때마다 암송한 말씀을 다시 기억하기 위해서입니다. 말씀을 기억하는 목적은 회상하고 회복하기 위해서입니다.

성령님은 우리가 기억한 말씀을 다시 재생할 수 있도록 도와주십니다. 요한복음 14장 26절을 보면 "보혜사 곧 아버지께서 내 이름으로 보내실 성령 그가 너희에게 모든 것을 가르치고 내가 너희에게 말한 모든 것을 생각나게 하리라"고 말씀합니다. 성령님은 우리가 배운 말씀, 암송한 말씀을 생각나게 하십니다. 그렇기 때문에 우리는 성경을 암송할 때부터 성령님을 의지해야 합니다. 또한 암송한 말씀을 다시 기억해야 할 때에도 성령님을 의지해야 합니다.

암송을 위한 질문 ||||||||||||||||||||||||||||||

☑ 나는 하나님의 말씀을 얼마나 사랑합니까? 하나님의 음성을 듣고 싶어 성경 말씀을 보고 암송한 경험이 있습니까?

☑ 일상생활에서 무심코 하나님의 말씀을 멸시하거나 버린 적은 없습니까? 내 안에 하나님을 경외하는 마음이 있습니까?

☑ 나는 어떤 마음으로 성경 암송을 하고 있습니까? 예수님을 모신다는 마음으로 하고 있습니까?

☑ 성경 암송을 할 때 성령님의 도우심을 느낀 적이 있습니까? 말씀이 선명하게 기억되고 속사람이 강해지려면 어떻게 해야 할까요?

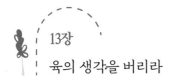

13장
육의 생각을 버리라

성실한 마음

성경을 암송하기 위해서는 성실한 성품을 몸에 익혀야 합니다. 무엇이든 좋은 것은 하루아침에 이루어지지 않습니다. 성경 암송을 일평생 하기 위해서는 성실하게 벽돌을 쌓아 가듯이 차근차근 말씀을 마음에 쌓아 가야 합니다. 성경 암송은 잘하는 것보다 꾸준히 하는 것이 더욱 중요합니다.

성경 암송은 꾸준히 하면 결국 잘하게 되어 있습니다. 오랫동안 계속하는 사람을 당할 자는 없습니다. 꾸준히 하면 성경 암송의 맛을 알게 되고, 그 방법과 기술까지도 터득하게 됩니다. 우리는 어떤 일을 변함없이 일관성 있게 계속하면서 그 분야에 통달한 사람을 전문가라고 말합니다. 전문가가 되기 위해서는 기술 이전에 성실성이 더욱 필요하다는 사실을 알아야 합니다.

성실한 마음은 하나님의 마음입니다. 성경 암송을 꾸준히 하기 위해서는 하나님의 성실한 성품을 몸에 익혀야 합니다. 하나님의 성실로 우리의 먹을거리를 삼아야 합니다. 다윗은 "여호와를 의뢰하고 선을 행하라 땅에 머무는 동안 그의 성실을 먹을거리로 삼을지어다"(시 37:3)라고 말합니다.

성실한 마음이란 작은 일에 충성하는 마음입니다. 작은 것을 소중히 여길 때 우리는 성실한 사람이 됩니다. 성실한 사람은 중간에 멈추는 법이 없습니다. 속도보다 더욱 중요한 것은 방향입니다. 그리고 방향을 잘 선택한 사람에게는 끝까지 가는 것이 중요합니다. 성실한 사람은 환경의 변화에도 요동하지 않습니다.

다니엘은 성실한 사람이었습니다. 그는 하루에 세 번씩 성실하게 기도했습니다. 기도하면 사자 굴에 던져진다는 음모를 알고서도 전에 행하던 대로 기도했습니다(단 6:10).

성실한 사람은 새벽빛같이 일정합니다. 그래서 그를 신뢰할 수 있습니다. 호세아는 하나님의 성실한 성품을 일정한 새벽빛에 비유합니다(호 6:3).

성실한 사람은 일시적인 실패에 낙심하거나 주저앉지 않습니다. 성실한 사람은 실패 중에도 전진합니다. 낙심을 거절합니다. 최후에 웃는 마라토너처럼 계속해서 전진합니다. 그렇기 때문에 성실한 사람은 뜻한 바를 성취하게 됩니다.

로버트 루이스 스티븐슨은 "성실한 사람은 당황하거나 두려워하지 않는다. 폭풍우가 칠 때도 시간이 계속 흘러가듯이 그들은 그들 자신의 페이스를 유지하면서 행운이나 불행에 영향을 받지 않고 무엇인가를 계속해 나간다"고 말했습니다.

성실한 사람은 요동하지 않습니다. 환경도 그를 쓰러뜨릴 수 없습니다. 성실한 사람 앞에서는 폭풍우도, 불행한 환경도 무릎 꿇게 마련입니다. 성실한 마음으로 성경을 암송하십시오. 저는 성경을 암송하고 묵상할 때마다 "성실에는 황혼기가 없다"는 말을 기억합니다.

청결한 마음

성경 암송을 잘하기 위해서는 청결한 마음을 갖도록 노력해야 합니다. 마음이 더러운 생각으로 가득 차면, 성경 암송을 잘할 수 없습니다. 더럽고 음란한 생각을 하면 성경 말씀이 우리 안에 깊이 뿌리내리지 못합니다.

우리 입에서 나오는 말도 우리를 더럽게 만듭니다. 예수님은 "입에서 나오는 것들은 마음에서 나오나니 이것이야말로 사람을 더럽게 하느니라"(마 15:18)고 말씀하셨습니다. 그렇기 때문에 성령님을 근심하게 하는 더러운 말을 하지 않도록 해야 합니다. 에베소서 4장 29절을 보면 "무릇 더러운 말은 너희 입 밖에도 내지 말고 오직 덕을 세우는 데 소용되는 대로 선한 말을 하여 듣는 자들에게 은혜를 끼치게 하라"고 말씀합니다.

우리 인간은 세상 사는 동안 많은 유혹을 받습니다. 특히 사탄은 우리의 생각을 통해 공격합니다. 여러 가지 탐욕스러운 생각과 추한 생각들을 집어넣습니다. 그럴 때마다 우리는 회개함으로써 우리 마음과 생각을 깨끗하게 해야 합니다.

저는 성경을 암송할 때마다 성경 암송을 싫어하는 제 육적인 성향을 보곤 합니다. 성경을 암송할 때 제 마음의 어둠이 정체를 드러내면서 편안함이 깨어지는 것을 봅니다. 그런 저의 마음과 육의 생각을 하나님께 회개할 때 제 마음은 다시 청결해지고, 깨어진 편안함이 아닌 온전한 평강이 가득 차게 되는 것을 경험합니다.

성경을 암송하는 것은 영의 일이요, 영의 생각입니다. 그렇기 때문에 육신의 일과 육신의 생각을 이겨 내야 합니다. 바울은 "육신을 따르는 자는 육신의 일을, 영을 따르는 자는 영의 일을 생각하나니 육신의 생각은 사망이요 영의 생각은 생명과 평안이니라 육신의 생각은 하나님과 원수가 되나니 이는 하나님의 법에 굴복하지 아니할 뿐 아니라 할 수도 없음이라"(롬 8:5-7)고 말합니다.

단지 육신의 생각과 싸우려 하지 말고 영의 생각인 하나님의 말씀을 받아들이십시오. 빛이신 성령님을 좇아 행하십시오. 그러면 자연스럽게 육신의 생각과 어둠의 생각들이 사라질 것입니다.

겸손한 마음

성경 암송을 잘하기 위해서는 겸손한 마음을 가져야 합니다. 겸손한 사람은 잘 배웁니다. 평생 동안 성장하는 사람의 특징은 누구에게나 배우는 겸손한 마음을 소유했다는 것입니다.

에이브러햄 링컨은 배우는 데 겸손했습니다. 링컨은 만나는 모든 사람한테 배웠습니다. 농부와 이야기하면 농부한테 배웠습니다. 상인을 만나면 상인한테 배웠습니다. 그는 사람을 만날 때마다 교육의 기회로 삼았습니다. 그는 평생 교육의 정신과 누구에게든 배운다는 마음으로 살았기에 훌륭한 리더가 될 수 있었습니다. 링컨은 "나는 공부하고 준비하리라. 그러면 기회는 올 것이다"라고 말했습니다. 그리고 겸손히 준비했습니다. 하나님은 겸손히 준비한 링컨에게 기회를 주셨습니다.

어떤 상황에서도, 어떤 사람에게도 배울 수 있는 겸손한 마음을 소유하십시오. 겸손이란 열린 마음을 갖는 자세입니다. 열린 마음이란 실험하는 마음으로 배우는 것을 말합니다. 실험하는 마음을 가질 때 배움은 쉬워집니다. 탁월함을 목표로 삼아 처음부터 기초를 잘 닦아야 합니다. 그러나 지나치게 완벽을 추구하면 잘 배울 수 없습니다. 어느 정도의 미완성을 즐길 수 있어야 합니다. 유연한 마음을 가져야 합니다.

실패와 실수의 과정을 배움의 과정으로 이해하십시오. 아인슈타인은 "실수를 해보지 않은 사람은 한 번도 새로운 일을 시도해 보지 않은 사람"이라고 말했습니다. 실수하거나 결과가 좋지 않을 때에도 실패했다고 생각하지 마십시오. 다만 더 나은 해결책을 향해 나아가고 있다고 믿으십시오. 열린 마음을 가진다는 것은 고정관념을 버리는 것입니다. 과거의 잘못된 경험을 버린다는 뜻입니다.

과거에 실패한 경험의 노예가 되지 마십시오. 성경 암송에 대해 열린 마음을 가지십시오. 성경 암송에 대한 부정적인 생각을 버리십시오. '공부' 하면 무조건 싫어하는 이들이 있습니다. 또는 성경 암송을 잘하는 사람들에게서 받은 상처와 실망 때문에 성경 암송을 거부하는 이들도 있습니다. 그런 사람들은 마음의 벽을 허물어야 합니다.

성경 암송을 해보았지만 잘 되지 않았다는 과거의 경험에 집착하는 이도 있습니다. 잠시 그 생각을 뒤로하고, 정말 전념했었는지 자신에게 물어보십시오. 어떤 사람은 의욕은 있었지만 구체적인 방법을 몰라서 좌절을 경험했을 수도 있습니다. 이 책이 안내하는 구체적인 방법을 따라 실천해 보십시오. 하나님은 겸손한 사람에게 은혜를 베풀어 주십니다(벧전 5:5).

지혜로운 마음

성경 암송을 잘하기 위해서는 지혜로운 마음을 가져야 합니다. 열심히 일하는 것보다 더 중요한 것은 지혜롭게 일하는 것입니다. 어리석게 소신껏 일하는 것처럼 위험한 일은 없습니다. 게다가 열심까지 내면 정말로 무서운 결과를 초래합니다. 사사기의 비극은 사람들이 올바른 지식 없이 소신껏 살았다는 데 있습니다. 사사기 21장 25절을 보면 "그때에 이스라엘에 왕이 없으므로 사람이 각기 자기의 소견에 옳은 대로 행하였더라"고 말씀합니다. 기준 없이 살았다는 말입니다.

우리는 참된 지식을 겸비한 열심을 가져야 합니다. 바울은 "내가 증언하노니 그들이 하나님께 열심이 있으나 올바른 지식을 따른 것이 아니니라"(롬 10:2)고 말합니다. 우리는 지식을 좇지 않는 열심을 경계해야 합니다.

성경을 암송할 때는 지혜가 필요합니다. 무조건 열심히 암송하기보다는 암송에 대한 원리를 터득해야 합니다. 학습에서 중요한 것은 재능이나 노력보다 학습 기술입니다. 현명한 학습 기술을 터득하는 것이 지혜입니다.

지혜를 얻기 위해서는 하나님께 기도해야 합니다(약 1:5). 지혜로운 자와 동행하면서 배워야 합니다. 잠언 13장 20절을 보면 "지혜로운 자와 동행하면 지혜를 얻고 미련한 자와 사귀면 해를 받느니라"고 말씀합니다. 잘 관찰해 보면 이 말씀의 지혜가 학습에도 똑같이 적용되는 것을 알 수 있습니다. 공부 잘하는 학생은 공부 잘하는 친구와 사귀는 경향이 있습니다. 지혜로운 친구들은 서로의 얼굴을 빛나게 합니다. 잠언 27장 17절은 "철이 철을 날카롭게 하는 것같이 사람이 그의 친구의 얼굴을 빛나게 하느니라"고 말씀합니다.

성경을 잘 암송하고 말씀을 존귀하게 여기는 사람들을 늘 가까이 하십시오. 그리고 다른 사람들도 성경을 암송할 수 있도록 좋은 영향력을 끼치십시오. 특별히 학습을 잘한 사람들에게 배우십시오. 직접 만나서 배울 수도 있고, 책을 통해 배울 수도 있습니다. 지혜로운 마음의 극치는 배우는 마음입니다. 그리고 배운 것을 겸손하게 실천하는 마음입니다.

학습법을 지혜롭게 터득하기에 앞서 우리가 기억해야 할 것이 있습니다. 그것은 학습법을 익히는 훈련을 하기까지 많은 노력이 필요하다는 사실입니다. 참된 지혜는 훈련의 진가를 아는 것입니다. 지혜란 마땅히 쏟아야 할 곳에 시간과 에너지를 투자하는 것임을 기억해야 합니다.

성경 암송과 거룩한 습관

암송을 위한 질문 |||||||||||||||||||||||||||||

☑ 나는 성경 암송을 꾸준히 하고 있습니까? 성실한 마음을 방해하는 요소가 있다면 그것이 무엇입니까?

☑ 성경 암송을 방해하는 생각들이 있습니까? 혹은 성경 암송을 할 때 육의 생각으로 가득 차 있지는 않습니까?

☑ 나는 열린 마음으로 성경 암송을 하고 있습니까? 성경 암송을 거부하게 만드는 과거의 경험이나 고정관념이 있습니까?

☑ 나는 무조건 성경 암송만 하고 있지는 않습니까? 지혜롭게 성경을 암송한 다는 것은 무슨 뜻일까요? 지혜를 얻기 위해 어떤 노력을 하고 있습니까?

14장

믿음으로 인내하라

무한한 가능성을 믿는 마음

성경 암송을 할 때는 그리스도 안에 있는 무한한 가능성을 믿고 해야 합니다. 자신감과 확신은 승리의 비결입니다. 자신감과 확신을 갖기 위해서는 우리 안에 있는 무한한 가능성을 알아야 합니다. 우리가 알아야 할 무한한 가능성은 세 가지입니다.

첫째, 가장 중요한 가능성은 우리 안에 계신 하나님입니다. 전능하신 하나님이 우리 안에서 소원을 두고 역사하고 계심을 알아야 합니다(빌 2:13). 바울은 "내게 능력 주시는 자 안에서 내가 모든 것을 할 수 있느니라"(빌 4:13)고 말합니다.

둘째, 전능하신 하나님의 말씀이 우리가 소유한 무한한 가능성입니다. 하나님은 말씀으로 천지를 창조하셨습니다(히 1:2; 11:3). 지금도 하나님은 말씀으로 만물을 붙들고 계십니다. 히브리서 1장 3절을 보십시오.

이는 하나님의 영광의 광채시요 그 본체의 형상이시라 그의 능력의 말씀으로 만물을 붙드시며 죄를 정결하게 하는 일을 하시고 높은 곳에 계신 지극히 크신 이의 우편에 앉으셨느니라

셋째, 우리 자신이 무한한 가능성이 됨을 믿어야 합니다. 우리는 하나님의 형상을 따라 지음받았습니다. 하나님은 아담과 하와를 만드신 후에 그들에게 복을 주시고 "땅을 정복하고 다스리라"(창 1:28 참조)고 말씀하셨습니다.

예수님은 제자들 안에 있는 무한한 가능성을 믿으셨습니다. 예수님은 제자들에게 "내가 진실로 진실로 너희에게 이르노니 나를 믿는 자는 내가 하는 일을 그도 할 것이요 또한 그보다 큰일도 하리니 이는 내가 아버지께로 감이라"(요 14:12)고 말씀하셨습니다. 우리의 문제는 못하는 것이 아니라 안 하는 것입니다. 시작도 하지 않고 포기하는 것입니다. 전능하신 하나님과 함께 성경 암송에 도전하십시오. 당신 안에 있는 무한한 가능성을 믿으십시오.

당신의 뇌는 당신이 생각하는 것보다 훨씬 더 우수하다는 사실을 알아야 합니다. 우리는 대체로 자신이 소유한 것이나 자신의 능력을 과소평가하는 경향이 있습니다. 우리는 새로운 것을 배우고 창의력을 발휘하는 데 무한한 잠재력을 가지고 있음을 알아야 합니다. 아인슈타인의 생애를 연구한 스코트 소프는 다음과 같이 주장했습니다.

뇌에는 능력의 한계가 없다. 뿐만 아니라 우리의 뇌는 다수의 개념을 선택해서 그것들을 동시적으로 사고하는 일에도 뛰어난 능력을 발휘한다. 우리가 아무리 많은 개념들을 저장한 다음 수시로 필요한 것들을 꺼내 써도 우리의 뇌는 끄떡없다.

_ 스코트 소프, 《최고가 되려면 생각의 틀을 깨라》, 씨앗을뿌리는사람, 81쪽

성경 암송을 시작하는 사람은 무한한 가능성을 믿는 믿음과 확신하는 마음을 가지고 해야 합니다. 믿음의 특징은 상상에 있습니다(히 11:1). 아직 이루어지지 않은 것을 이미 이루어진 것처럼 상상하는 것입니다. 그리고 입술로 고백하는 것입니다. 아브라함이 믿은 바, 하나님은 죽은 자를 살리시며 없는 것을 있는 것같이 부르시는 분입니다(롬 4:17). 믿음은 죽은 자를 산 자처럼, 없는 것을 있는 것처럼 고백하는 것입니다.

믿음의 고백은 확신을 일으킵니다. 믿음은 우리 마음에 뜨거운 불을 붙입니다. 열정을 일으킵니다. 성경 암송을 할 때마다 잘할 수 있다는 믿음을 가지십시오. 잘할 수 있다는 믿음의 고백을 하십시오. 강렬한 믿음은 확신에 찬 언어에서 나옵니다.

하나님은 사람들이 사용하는 언어를 변화시키심으로써 사람들을 변화시키셨습니다. 언어의 변화가 의식의 혁명을 가져온다는 사실을 하나님은 아셨습니다. 하나님이 예레미야를 부르시고는 그를 열방의 선지자로 세우셨다고 말씀하실 때, 예레미야는 "나는 아이라 말할 줄을 알지 못하나이다"(렘 1:6)라고 응답했습니다. 그때 하나님

은 단호하게 그의 언어를 바꾸라고 말씀하십니다. 예레미야 1장 7절을 보십시오.

여호와께서 내게 이르시되 너는 아이라 말하지 말고 내가 너를 누구에게 보내든지 너는 가며 내가 네게 무엇을 명령하든지 너는 말할지니라

하나님은 예레미야에게 그는 아이가 아니라 "여러 나라의 선지자", "견고한 성읍", "쇠기둥" 그리고 "놋성벽"이라고 말씀하셨습니다(렘 1:5, 18). 하나님은 예레미야의 언어를 바꾸심으로써 그의 자아상을 변화시키셨습니다. 그의 언어가 변화되었을 때 그의 인생도 변화되었습니다.

우리 입술의 고백, 그리고 자신과 나누는 끝없는 대화는, 하나님과 대화하는 기도만큼이나 중요합니다. 자신과의 대화는 자신을 움직이고 자신을 설득하는 힘이 됩니다. 모든 사람의 배후에는 언어가 있어서 그 사람을 움직입니다. '할 수 있다'는 언어를 소유한 사람은 계속해서 자신에게 '할 수 있다'고 말합니다. 그렇기 때문에 할 수 있는 것입니다. 그러나 '할 수 없다'는 언어를 가진 사람은 자신에게 '할 수 없다'고 말합니다. 그렇기 때문에 할 수 없는 것입니다. '할 수 있다'는 믿음과 확신을 가지고 말씀을 암송하십시오.

전심전력하는 마음

성경 암송의 진보를 위해서는 전심전력하는 마음을 가져야 합니다. 바울은 영의 아들 디모데에게 "이 모든 일에 전심전력하여 너의 성숙함을 모든 사람에게 나타나게 하라"(딤전 4:15)고 말합니다. 성경 암송은 영적 군사가 해야 할 중요한 훈련입니다. 전쟁에서 승리하는 데 가장 중요한 것은 무기와 훈련입니다. 영적 전쟁에서 무기는 하나님의 말씀입니다. 하나님의 말씀을 무기로 삼은 우리는 그 무기를 잘 사용할 수 있도록 훈련해야 합니다.

그리스도의 제자로 부름받은 우리는 영적 훈련의 중요성을 절실하게 깨달아야 합니다. 헨리 나우웬은 "훈련 없는 영적 삶은 불가능하다. 훈련은 제자도의 다른 측면이다. 영적 훈련의 실천은 우리를 하나님의 세미하고 부드러운 음성에 더욱 민감하게 해준다"고 말합니다.

_ 헨리 나우웬, 《모든 것을 새롭게》, 두란노, 64쪽

우리가 전심전력하는 마음으로 성경 암송 훈련을 하는 것은 하나님의 음성을 듣기 위해서입니다. 그리고 그 음성을 즐거워하기 위해서입니다.

우리는 밝은 미래를 위해서 힘든 훈련을 감수해야 합니다. 훈련을 잘 받은 군인은 가장 중요한 임무를 부여받습니다. 특별한 위치

에서 일하게 됩니다. 훈련이란 스캇 펙이 말한 것처럼 "고통을 먼저 선택하고 즐거움을 나중에 누리는 것"입니다. 훈련이란 고역이 아닙니다. 머리를 흔들면서 괴로워할 고통이 아닙니다. 오히려 훈련은 기회입니다. 훈련은 기회의 문을 열고 들어가는 열쇠입니다. 훈련된 사람은 기회를 알아보고, 기회를 사용할 줄 압니다. 훈련된 사람에게는 자신이 훈련한 것을 사용하고 싶은 열망이 있습니다. 기회는 훈련된 사람을 향해 항상 미소 짓습니다.

성경 암송은 우리에게 영성 훈련이라는 유익을 줍니다. 성경 암송은 모든 영적 훈련의 뿌리요 기초입니다. 영적 생활은 어떤 면에서 운동 선수에 비유할 수 있습니다. 운동 선수는 훈련을 통해 탁월함에 이릅니다. 훈련 중에 있는 선수는 코치를 통해 기본을 철저하게 익힙니다. 반복해서 익히며 거듭 기본으로 돌아갑니다.

전심전력하는 마음으로 성경을 암송하십시오. 머지않은 날, 탁월함의 경지에 이를 것입니다.

실천하는 마음

성경 암송의 목표는 말씀을 암송하는 자체가 아니라 암송을 통해 진리를 배우는 데 있습니다. 그리고 배운 진리를 실천하는 데 있습니다. 배움의 목표는 실천에 있습니다. 배움의 핵심은 깨달음에 있습니다. 깨달음의 열매는 실천입니다. 깨달음의 혁명이란 실천하는 혁명입니다. 깨달음의 낙을 누리는 것은 성경 암송을 하는 사람의 즐거움입니다. 그러나 깨달음의 낙을 누리는 데 머물러서는 안 되고 깨달은 말씀을 실천해야 합니다.

깨달음이 뿌리라면, 깨달음을 실천하는 것은 열매입니다. 실천함으로써, 우리는 배운 진리를 더욱 깊이 깨닫게 됩니다. 실천을 통해, 배운 진리가 우리의 존재에 스며들게 됩니다. 배운 진리를 가장 오랫동안 기억하는 길은 실천하는 것입니다. 밥 보일런은 "당신이 정보를 들으면 그중 20%만을 기억할 수 있다. 그것을 듣고, 보기까지 한다면 50%를 기억할 수 있다. 그러나 그것을 듣고, 보고, 몸소 행하기까지 한다면 기억할 수 있는 내용은 90%에 이른다"고 말했습니다.

배움의 최종 단계는 실천입니다. 우리는 마음에 뿌려진 말씀을 온유함으로 받을 뿐 아니라 실천해야 합니다. 말씀을 듣고도 행하지 않으면 자신을 속이는 것입니다. 야고보서 1장 21-25절을 보십시오.

21 그러므로 모든 더러운 것과 넘치는 악을 내버리고 너희 영혼을 능히 구원할 바 마음에 심어진 말씀을 온유함으로 받으라 22 너희는 말씀을 행하는 자가 되고 듣기만 하여 자신을 속이는 자가 되지 말라 23 누구든지 말씀을 듣고 행하지 아니하면 그는 거울로 자기의 생긴 얼굴을 보는 사람과 같아서 24 제 자신을 보고 가서 그 모습이 어떠했는지를 곧 잊어버리거니와 25 자유롭게 하는 온전한 율법을 들여다보

성경 암송과 거룩한 습관

고 있는 자는 듣고 잊어버리는 자가 아니요 실천하는 자니 이 사람은
그 행하는 일에 복을 받으리라

배움의 열매를 맺기 원한다면 배운 것을 실천해야 합니다. 예수
님은 우리에게 모든 족속을 제자 삼을 때 주님이 명하신 것을 "가르
쳐 지키게 하라"고 말씀하셨습니다(마 28:19-20). 이는 가르칠 뿐만
아니라 가르친 것을 실천하도록 끝까지 도우라는 말씀입니다.

성경 암송을 하는 목표도 실천에 있습니다. 성경 암송을 통해 우
리는 깨달음을 얻게 됩니다. 깨달으면 눈이 열리고, 귀가 열리고, 마
음이 열립니다. 깨달을 때 감격하게 되고, 감격할 때 새로운 결단과
헌신을 하게 됩니다.

농부처럼 인내하는 마음

성경 암송은, 농부가 밭에 씨를 뿌리듯이 우리의 마음 밭에 말씀
의 씨앗을 심는 것입니다. 농심은 천심입니다. 농부의 마음을 모르
면 하나님의 마음을 알 수 없습니다. 예수님은 "나는 참포도나무요
내 아버지는 농부라"(요 15:1)고 말씀하셨습니다. 또한 예수님은 하
나님의 나라에 대해 설명하실 때 겨자씨 비유와 농부의 씨 뿌리는
비유를 사용하셨습니다.

농부는 씨앗 속에 담긴 잠재력을 믿는 사람입니다. 작은 씨앗 속

에서 비전을 보는 사람입니다. 비전이 없는 헌신은 없습니다. 비전을 가진 사람만이 헌신하고 모험할 수 있습니다. 작은 씨앗 속에 담긴 놀라운 가능성을 상상해 보십시오. 작은 씨앗 속에 담긴 푸른 잎사귀를 생각해 보십시오. 그 속에서 아름답게 피어날 꽃을 생각해 보십시오. 꽃이 떨어진 다음에 맺힐 풍성한 열매를 생각해 보십시오. 그 모든 것이 작은 씨앗 속에서 시작되는 것입니다. 그러므로 농부는 꿈꾸는 자입니다. 비전의 사람입니다.

성경 암송을 하는 사람도 짧은 말씀 한 절을 암송할 때 씨앗의 비전을 보아야 합니다. 씨앗이 자라는 비전을 보아야 합니다. 가장 아름다운 농부의 마음은 기다림에 있습니다. 농부는 계절을 따라 움직입니다. 농부는 사계절을 압니다. 시절을 좇아 과실을 맺는 자연의 조화를 알고 있습니다.

농부는 씨앗이 자라는 모든 과정을 소중히 여깁니다. 예수님은 "땅이 스스로 열매를 맺되 처음에는 싹이요 다음에는 이삭이요 그다음에는 이삭에 충실한 곡식이라"(막 4:28)고 말씀하셨습니다. 성경을 암송한 후에 그 말씀이 충실한 곡식으로 열매 맺기까지는 시간이 필요하고 일정한 과정을 거친다는 사실을 기억하십시오.

무엇이든 너무 쉽게 얻는 것에는 참된 즐거움이 없습니다. 애착도 없습니다. 저는 일찍부터 시편 126편 5-6절 말씀을 마음에 새기며 살고 있습니다.

5 눈물을 흘리며 씨를 뿌리는 자는 기쁨으로 거두리로다 6 울며 씨를

뿌리러 나가는 자는 반드시 기쁨으로 그 곡식 단을 가지고 돌아오리
로다

농부의 눈물과 땀과 애정으로 성경을 암송할 때, 우리는 기쁨으
로 아름다운 열매를 거둘 것입니다.

성경 암송을 위해 농부에게 배워야 할 가장 중요한 마음은 인내
하는 마음입니다. 모든 승부는 결국 인내로 결정됩니다. 인내를 능
가할 머리, 인내를 능가할 재능은 없습니다. 인내는 온전함에 이르
는 길입니다. 성숙의 절정입니다.

야고보서는 변화와 성숙의 지혜를 가르치는 책입니다. 야고보는
변화와 성숙을 위해 인내의 중요성을 반복해서 가르칩니다. 야고보
서 1장 2-4절을 보십시오.

2 내 형제들아 너희가 여러 가지 시험을 당하거든 온전히 기쁘게 여
기라 3 이는 너희 믿음의 시련이 인내를 만들어 내는 줄 너희가 앎이
라 4 인내를 온전히 이루라 이는 너희로 온전하고 구비하여 조금도
부족함이 없게 하려 함이라.

야고보는 인내를 온전히 이룬 자는 온전하고 구비하여 조금도 부
족함이 없다고 말합니다. 인내하는 모범으로서 그는 농부와 선지자
그리고 욥을 예로 들고 있습니다. 특별히 농부의 인내에 대해 말한
내용을 보십시오.

7 그러므로 형제들아 주께서 강림하시기까지 길이 참으라 보라 농부가 땅에서 나는 귀한 열매를 바라고 길이 참아 이른 비와 늦은 비를 기다리나니 8 너희도 길이 참고 마음을 굳건하게 하라 주의 강림이 가까우니라 약 5:7-8

성경 암송은 인내를 통해 완성됩니다. 천재가 따로 없습니다. 자신이 뜻한 바를 결코 포기하지 않고 인내하며 이루는 사람이 천재입니다. 토머스 에디슨은 "물고 늘어지는 것이 천재성이다"라고 말했습니다. 시작한 것을 끝까지 물고 늘어지는 인내가 당신에게 있다면, 당신은 천재성을 소유한 사람입니다. 부디 인내하십시오. 뒤로 물러가지 마십시오(히 10:38). "인내는 쓰지만 그 열매는 달다"는 옛말을 기억하십시오.

암송을 위한 질문 ||||||||||||||||||||||||||||||||||||

☑ 예레미야처럼 스스로 아이라 과소평가하고 있지 않습니까? 내 안의 가능성을 보고 '할 수 있다'는 믿음으로 성경 암송에 도전해 보세요.

☑ 나는 성경 암송을 생활화하는 훈련을 전심전력으로 하고 있습니까? 그 훈련이 잘 되지 않는다면, 이유가 무엇일까요?

☑ 성경 암송을 통해 깨닫게 된 진리가 있습니까? 그 진리를 몸소 실천한 경험이 있습니까?

☑ 성경 암송이 잘되지 않는다고 포기하려 한 적이 있습니까? 인내하며 열매를 기다리기 위해 나는 어떤 노력을 하고 있습니까?

5부

성경 암송과 기억

기억하면
감사의 세계가 열린다

잊어야 할 것과 잊지 않아야 할 것이 있다

성경 암송은 하나님의 말씀을 마음에 새겨 기억하는 것입니다. 성경 암송과 기억은 밀접한 관계가 있습니다. 성경은 우리가 반드시 기억해야 할 것이 있음을 가르쳐 줍니다. 우리가 소중한 것을 기억하는 것은 하나님의 은혜입니다. 하지만 기억만이 은혜가 아닙니다. 우리가 망각해야 할 것들을 망각하는 것도 하나님의 은혜입니다. 망각해야 할 것을 망각하기 위해 우리는 성경을 암송해야 합니다. 그러함으로 올바로 망각할 수 있기 때문입니다.

우리는 잊어야 할 것은 기억하고, 잊지 않아야 할 것은 망각한 채 사는 것을 보게 됩니다. 우리는 과거로부터 떠나라는 말을 많이 듣습니다. 하지만 모든 과거로부터 떠나서는 안 됩니다. 오늘 우리의 모습은 하나님이 우리에게 베풀어 주신 과거의 은혜가 만들어 낸 것입니다. 과거를 망각한다는 것은 우리 존재 자체를 무시하는 것입니다. 인간과 동물을 구분 짓는 것 중의 하나가 기억력에 있습니다. 우리는 과거를 기억함으로 더 나은 미래를 만들어 갈 수 있습니다. 그렇지 않으면 과거의 잘못을 되풀이하게 됩니다.

과거를 망각하는 사람은 숙명적으로 과거를 되풀이하게 된다.

/ 조지 산타야나

성경 암송과 거룩한 습관

성경은 우리가 잊어야 할 것이 있고, 잊어서는 안 될 것이 있음을 거듭 가르치고 있습니다. 도움이 안 되는 이전 일은 잊으라고 말합니다. 우리가 앞으로 전진하는 데 방해가 되는 이전 일은 잊으라고 말합니다.

그리고 우리가 잊어서는 안 될 것이 있음을 보여 줍니다. 다윗은 스스로에게 하나님의 은혜를 잊지 말자고 말했습니다.

2 내 영혼아 여호와를 송축하며 그의 모든 은택을 잊지 말지어다 3 그가 네 모든 죄악을 사하시며 네 모든 병을 고치시며 4 네 생명을 파멸에서 속량하시고 인자와 긍휼로 관을 씌우시며 5 좋은 것으로 네 소원을 만족하게 하사 네 청춘을 독수리같이 새롭게 하시는도다

시 103:2-5

이 말씀에 나오는 '은택'이란 '혜택'을 의미합니다. 다윗은 자신의 영혼을 향해 하나님의 은혜 가운데 받은 혜택을 잊지 말고 하나님을 송축하자고 노래합니다.

다윗만 하나님의 은택을 받은 것이 아닙니다. 예수님을 믿는 우리도 하나님의 풍성한 은택을 받아 누리며 살고 있습니다. 우리가 어떤 혜택을 누린다면 그 혜택을 주시는 분이 반드시 있습니다. 또

한 그 혜택의 내용이 있습니다. 만약에 혜택을 받고도 그 혜택이 무엇인지 잘 모른다면 그 혜택을 누릴 수가 없습니다. 또한 그 혜택을 주신 분이 누구인지 모르면 그 혜택을 주신 분께 감사를 드릴 수도 없습니다.

우리가 하나님이 베풀어 주신 은혜에 감사하기 위해서는 그 은혜를 기억해야 합니다. 예수님은 제자들과의 마지막 만찬에서 예수님이 나누어 주신 성찬을 잊지 말고 기념하라고 말씀하십니다.

또 떡을 가져 감사 기도 하시고 떼어 그들에게 주시며 이르시되 이것은 너희를 위하여 주는 내 몸이라 너희가 이를 행하여 나를 기념하라 하시고 눅 22:19

식후에 또한 그와 같이 잔을 가지시고 이르시되 이 잔은 내 피로 세운 새 언약이니 이것을 행하여 마실 때마다 나를 기념하라 하셨으니 고전 11:25

"나를 기념하라"는 말을 영어로 표현하면 'in remembrance of me'입니다. 성찬을 행함으로 예수님을 기억하라고 말씀하십니다. 그래서 우리는 성찬을 행할 때마다 예수님을 기념하고 기억합니다. 이처럼 성경은 기억하는 일을 아주 중요하게 다룹니다.

우리는 예수님이 성찬을 행할 때마다 예수님을 기념하라고 하신 말씀의 뜻을 깊이 상고할 필요가 있습니다. 이 과정에서 우리는 기

성경 암송과 거룩한 습관

억이 왜 중요한지, 어떻게 기억을 보존할 수 있는지에 대해 배워야 합니다. 또한 기억과 기념의 관계, 그리고 기념과 경험의 관계를 배워야 합니다.

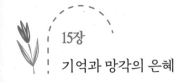

기억하기 위해 기록해야 한다

우리는 기억하고 기념하기 위해 기록해야 합니다. 우리가 성찬을 통해 예수님을 기념할 수 있는 것은 복음서에 기록되어 있기 때문입니다. 복음서는 예수님의 생애와 말씀을 기억했다가 기록한 것입니다. 예수님의 말씀에 대한 기억이 없다면 기록을 남길 수 없습니다. 기록이 없다면 또한 소중한 말씀을 전수할 수 없습니다.

하나님도 기록을 아주 소중하게 여기십니다. 하나님은 십계명을 친히 두 돌판에 하나님의 손으로 기록해 주셨습니다(신 9:10).

하나님은 아말렉 전투가 끝난 후에 모세에게 그 내용을 책에 기록하여 기념하고 여호수아의 귀에 외워 들리라고 명하셨습니다. 그리함으로 여호수아로 하여금 그 사건과 교훈을 잊지 말도록 가르치셨습니다.

여호와께서 모세에게 이르시되 이것을 책에 기록하여 기념하게 하

고 여호수아의 귀에 외워 들리라 내가 아말렉을 없이하여 천하에서 기억도 못하게 하리라 출 17:14

하나님은 기록을 통해 기억하길 원하십니다. 기록을 통해 후세에 전달하기 원하십니다(사 30:8). 하나님은 모세에게 노래를 기록하여 이스라엘 백성들에게 가르쳐 부르게 하셨습니다(신 31:19). 노래는 우리가 오랫동안 기억하고 기념할 수 있는 은총의 도구입니다.

유대인들은 기억하기 위해 기록합니다. 히틀러의 횡포를 통해 유대인 6백만 명이 학살을 당했습니다. 나치 포로수용소에서 살아남은 사람 가운데 그 사실을 기록하여 유명해진 이가 있습니다. 바로 빅터 프랭클입니다. 그가 쓴《죽음의 수용소에서》는 다음과 같이 시작합니다.

이 책은 사실상 사건들이라기보다는 수백만이나 되는 죄수들이 수없이 겪어야 하였던 고통, 즉 인간적 체험에 관한 기술이다. 다시 말하면 강제수용소에서 간신히 목숨을 건진 한 사람이 말해 주는 강제수용소 안에서 일어났던 이야기이다.
_ 빅터 프랭클,《죽음의 수용소에서》, 청아출판사, 21쪽

이 책은 수많은 사람들에게 아우슈비츠에서 어떤 일이 벌어졌는지를 알려 주었습니다. 기록하지 않았으면 몰랐을 내용들을 알려 줌으로써 그 고통을 기억하게 만들었습니다.

빅터 프랭클과 함께 나치 포로수용소의 상황을 알렸던 작가가 있습니다. 엘리 위젤이라는 작가입니다. 그의 대표작인 《나이트》는 제2차 세계대전 당시 열다섯 소년의 눈에 비친 나치 강제노동수용소의 참상을 기록한 책입니다. 이 책은 인간 존재의 본질을 돌아보게 하는 작품입니다. 그는 《나이트》에서 그 당시 상황을 잊지 않으려고 몸부림쳤습니다.

내 삶이 일곱 겹으로 봉해진 하나님의 긴 밤으로 되어 버린 그날, 수용소에서 맞은 첫날밤을 결코 잊지 않으리라.
그 연기를 결코 잊지 않으리라.
몸뚱이가 고요한 하늘 아래 연기로 화해 버린 어린이들의 얼굴을 결코 잊지 않으리라.
내 믿음을 영원히 불살라 버린 그 불꽃을 결코 잊지 않으리라.
하나님과 내 영혼을 죽이고 내 꿈을 잿더미로 만들어 버린 그 순간들을 결코 잊지 않으리라.
_ 엘리 위젤, 《나이트》, 예담, 77쪽

그는 한 소년이 고통스럽게 죽어간 모습을 다음과 같이 기록했습니다. 이 내용은 수많은 사람들에게 충격을 주었습니다. 그가 쓴 언어들이 파장을 일으켰습니다.

소년은 우리가 보는 앞에서 30분 넘게 몸부림치며 삶과 죽음의 경계를 넘나들었다. 우리는 가까이서 소년을 보아야만 했다. 내가 지나갈 때도 소년은 살아 있었다. 혀는 아직도 붉었고, 눈도 여전히 감기지 않았다.

내 뒤에서 아까 그 사람이 다시 묻는 소리가 들렸다.

"하나님은 어디에 있는가?"

그때 내 안에서 어떤 목소리가 대답하는 것을 들었다.

"하나님이 어디 있느냐고? 여기 교수대에 매달려 있지."

그날 저녁 수프는 시체 맛이 났다.

_ 엘리 위젤, 《나이트》, 예담, 123쪽

엘리 위젤은 1986년 노벨평화상을 받았습니다. 그는 노벨평화상 수락 연설에서 다음과 같은 말을 남겼습니다.

그 소년이 아버지에게 이렇게 물어본 것을 기억하고 있습니다.

"이런 일이 어떻게 일어날 수 있습니까? 지금은 중세가 아니라 20세기입니다. 그런 범죄를 저지르도록 사람들이 놔둘 리 없습니다. 왜 사람들은 침묵을 지키는 겁니까?"

이제 그 소년이 저에게 묻습니다.

"내 미래를 위해 당신은 무엇을 했고 어떻게 살아 왔는지 말해 주시오."

저는 소년에게 노력했다고 말합니다. 기억이 묻혀 버리지 않도록 노력했고, 애써 잊어버리려는 사람과 싸우려고 노력했다고, 그 기억을 잊는다면 죄를 범하는 것이고 우리 모두 공범이 되기 때문입니다.

그리고 우리는 정말 순진했다고, 세상 사람들은 알고도 침묵을 지켰다고 소년에게 말해 줍니다. 그것이야말로 인간이 고통을 당하고 굴욕을 당하면 언제 어디서든 침묵하지 않겠다고 제가 맹세하게 된 이유입니다.

_ 엘리 위젤,《나이트》, 예담, 203쪽

엘리 위젤은 아우슈비츠의 고통, 수많은 희생들의 고통에 대해 침묵하지 않았습니다. 그것을 기억하며 기록했습니다. 고통스러운 기억들을 다시 끄집어내어 한 권의 책에 담았습니다.

예수님의 생애를 기록한 책이 복음서입니다. 복음서에서 가장 많은 분량을 다룬 내용이 예수님의 십자가입니다. 예수님은 십자가에서 처참하게 돌아가셨습니다. 제자들은 그 사건을 영원히 기억하기 위해 복음서를 기록했습니다. 우리는 기억하기 위해 기록해야 합니다. 기록할 때 기념할 수 있습니다.

성경 암송을 지속하기 위해서는 기억의 중요성을 거듭 깨달아야 합니다. 성 어거스틴은 기억을 창고로 비유했습니다. 기억의 창고 속에 우리가 배우고 경험한 모든 것이 간직되어 있다고 말합니다.

이 기억 속에는 모든 것이 그 종류에 따라 제각기 따로따로 간직되어 있습니다. 그들은 각각 자기들의 감각의 관문을 통하여 기억

성경 암송과 거룩한 습관

이라는 창고로 들어온 것입니다. 예를 들면 빛과 색깔과 물체의 형태는 눈을 통해서, 여러 가지 소리는 귀를 통해서, 모든 냄새는 코를 통해서, 모든 맛은 입을 통해서, 그리고 단단하든지 무르든지, 차든지 덥든지, 거칠든지 매끄럽든지, 무겁든지 가볍든지 한 것은 몸 밖에서든지 안에서든지 막론하고 온몸에 퍼져 있는 촉각을 통하여 들어오는 것입니다. 이렇듯 은밀하고도 말로 표현할 수 없이 무수한 구석을 가지고 있는 기억의 창고는 이 모든 것을 받아들여 간직해 놓았다가 필요할 때마다 다시 불러 찾아 내놓는 것입니다.

_어거스틴, 《고백록》, 대한기독교서회, 324쪽

어거스틴은 기억의 힘에 대해 경탄했습니다. 하나님 앞에 죄를 고백하는 중에 그의 어린 시절부터 떠오른 기억에 놀란 것이 분명합니다. 그는 그의 죄를 기억했습니다. 그리고 그의 죄를 고백하고 기록했습니다. 우리는 그의 고백록을 통해 기억의 중요성을 배우고 또한 망각의 중요성을 배우게 됩니다. 조금 더 그의 기억에 대한 통찰과 경험을 살펴볼 필요가 있습니다.

기억력이라고 하는 것은 정말로 위대합니다. 나의 하나님, 그것은 깊고도 무한한 다양성을 가진 무서운 존재입니다. … 내가 기억의 넓은 들과 동굴과 깊이를 들여다볼 때 나는 거기에서 무수한 종류의 것들이 한없이 간직되어 있음을 발견하게 됩니다. 사물들은 영상들의 형태로, 지식은 직접 그 자체의 현존으로, 마음의 감정들은 어떤 종류의 관념이나 인상의 형태로 그 안에 간직되어 있음을 발견하게 됩니다. 감정은 지금 마음이 그것을 느끼지 못한다 할지라도 기억 안에 간직되어 있습니다. 그리고 기억 안에 간직되어 있는 것은 역시 마음 안에 있는 것이 됩니다. 나는 이 모든 것들 사이를 이리저리 뛰어다니고 날아다니며 그들을 깊이 투시해 보려고 하는 것입니다.

_ 어거스틴,《고백록》, 대한기독교서회, 335-336쪽

하나님이 우리에게 성경 암송을 통해 하나님의 말씀을 마음에 새기도록 명하신 것은 기억의 능력을 아시기 때문입니다.

하나님은 왜 기억하라고 말씀하시는가

예수님은 왜 성찬을 행할 때마다 "나를 기념하라"고 명하셨을까요? 왜 성찬을 통해 십자가의 사건을 반복해서 기억하라고 하셨을까요? 기념하는 것은 기억한다는 것입니다. 기념하는 것은 새롭게 경험하는 것을 의미합니다.

기억한다는 것은 '다시 경험한다'는 뜻이다. 하나님이 과거에 행하신 일들을 생각할 때 우리는 오늘날 그분의 선하심을 다시 경험

한다. 다시 경험하면 다시 헌신하거나 순종하게 된다.

_오대원,《묵상하는 그리스도인》, 예수전도단, 260쪽

우리는 예수님의 성탄절을 기념합니다. 예수님의 부활을 기념합니다. 성령강림절을 기념합니다. 유대인들은 유월절과 오순절과 장막절 그리고 부림절을 기억합니다. 우리는 생일을 기념합니다. 생일을 축하합니다. 결혼기념일을 지킵니다. 교회는 창립기념일을 지킵니다. 기념하는 일은 과거의 사건입니다. 하지만 그것을 기억하고 기념함으로 새롭게 경험하게 됩니다. 왜 하나님은 기억하고 기념하라고 하시는 것일까요? 왜 우리의 과거의 기억을 이끌어 내라고 말씀하시는 것일까요?

상처 입은 기억은 치유를 받아야 하기 때문이다

기억 가운데 나쁜 기억이 있습니다. 또한 좋은 기억이 있습니다. 어떤 기억은 우리에게 큰 상처를 입히고, 그 상처는 우리의 전 존재에 좋지 않은 영향을 끼칩니다. 어릴적에 받은 상처가 치유되지 않을 때 그 상처가 자신뿐만 아니라 많은 사람과의 관계에 영향을 끼치게 됩니다.

십자가의 예수님은 치유하시는 분입니다. 또한 성령님은 말씀을 통해 과거의 상처 입은 기억들을 생각나게 하심으로 치유해 주십니다. 우리는 그것을 내적 치유라고 말합니다. 상처 입은 기억이 치유를 받으면 더 이상 우리에게 나쁜 영향을 끼치지 않습니다. 마치 독

이 빠진 독사처럼 어떤 영향도 끼칠 수가 없습니다.

좋은 기억은 고난을 지탱할 힘을 주기 때문이다

좋은 기억은 서로를 연결시켜 주고 지탱할 수 있도록 도와주는 힘입니다. 사도 바울은 로마 옥중에서 사랑하는 성도들을 기억했습니다. 믿음의 가족들을 기억했습니다. 그리함으로 힘을 얻었습니다. 그 기억이, 그 사랑이 그를 지탱할 수 있도록 도와주었습니다.

내가 기도할 때에 기억하며 너희로 말미암아 감사하기를 그치지 아니하고 엡 1:16

고난 중에 있을 때 우리는 그 고난을 이겨 낼 수 있는 힘이 필요합니다. 고난을 지탱할 힘이 필요합니다. 그 힘을 제공해 주는 것이 좋은 기억입니다. 좋은 기억이 삶의 의지를 갖게 하고 우리의 믿음을 견고하게 합니다.

자신의 백성들을 향한 하나님의 사랑을 잊지 말아야 한다는 것이 성경의 중심 사상입니다. 현재 우리와 함께 있어야 합니다. 모든 것이 암울하고, 주위에는 온통 낙심시키는 목소리들뿐이며, 어떤 출구도 보이지 않을 그때 우리는 사랑을 기억함으로써 구원을 얻을 수 있습니다. 그 사랑은 단순히 지나간 과거를 무엇을 찾듯 회상하는 것이 아니라 지금 우리를 지탱하는 생명력 있는 힘입니다.

기억을 통해 사랑은 시간의 제약을 뛰어넘고 어떤 순간에라도 우리의 삶에 희망을 제공합니다.

_ 헨리 나우웬, 《예수님을 생각나게 하는 사람》, 두란노, 42쪽

빅터 프랭클은 삶의 의지를 포기한 사람들이 일찍 죽는 것을 보았습니다. 즉, 살아야 할 이유가 없는 사람들이 삶을 일찍 포기하는 것이었습니다. 하지만 살아야 할 이유가 있는 사람은 결코 생을 포기하지 않았습니다. 특별히 가족 사진을 갖고 있는 사람들이 고난을 잘 견디는 것을 깨달았습니다. 그는 이를 바탕으로 의미치료라는 심리치료법을 연구 발표했습니다.

빅터 프랭클은 생존을 위해 믿음이 얼마나 중요한가를 관찰을 통해 다음과 같이 기록하고 있습니다.

실제로 담배를 피울 수 있는 특권은 카포들에게만 확보되어 있었다. 그들은 일주일에 한 번씩 일정한 양의 담배를 배급받고 있었다. 혹은 창고나 작업장의 감독으로 일하는 죄수들만이 위험한 일을 하는 대가로 몇 개비의 담배를 받을 수 있었다. 그리고 유일하게 예외가 있다면 삶에 대한 의지를 상실하고 최후의 며칠간만이라도 '즐기고자' 하는 사람들만이 담배를 피웠다. 따라서 동료인 죄수가 담배를 피우는 것을 보게 되면 우리는 곧 그가 버티고 나갈 힘에 대한 믿음을 포기하게 되었다는 것, 그리고 일단 믿음을 상실하게 되면 살고자 하는 의지는 좀처럼 돌이킬 수 없다는 것을

알았다.

_ 빅터 프랭클, 《죽음의 수용소에서》, 청아출판사, 28쪽

너는 애굽 땅에서 종 되었던 것과 네 하나님 여호와께서 너를 속량하
셨음을 기억하라 그것으로 말미암아 내가 오늘 이같이 네게 명령하
노라 신 15:15

예수님의 십자가 사건은 출애굽의 구원 사건과 같습니다. 하나
님이 바로의 압제 아래 있던 이스라엘 백성들을 구원해서 자유하
게 하신 것처럼, 예수님은 십자가에서 죄와 마귀와 죽음의 노예가
되었던 우리를 구원해서 자유하게 하셨습니다. 특별히 성찬을 통해
예수님의 살과 피가 우리 안에 들어와서 능력을 공급해 줍니다. 헨
리 나우웬은 이 사실을 다음과 같이 기록하고 있습니다.

먹고 마시세요. 이것은 그분의 살이요 피입니다. 우리가 먹고 기
다리고 있는 분은 우리의 양식이요 우리의 음료입니다. 그분의 임
재는 우리가 서로에게 함께하는 것보다 훨씬 더 생생합니다. 그분
은 우리가 계속 길을 갈 수 있도록 우리를 지탱해 주시며, 광야에
서 자신의 백성을 먹이신 것처럼 우리를 먹이십니다.

_ 헨리 나우웬, 《예수님을 생각나게 하는 사람》, 52쪽

예수님은 우리에게 생명을 주시되 풍성한 생명을 주기 원하십니

다. 우리가 겨우 지탱할 정도가 아니라 활기가 넘치는 삶을 살아가도록 생명을 공급해 주기 원하십니다. 성찬은 바로 우리의 생명을 풍성하게 하시기 위한 참된 양식이요 음료입니다.

55 내 살은 참된 양식이요 내 피는 참된 음료로다 56 내 살을 먹고 내 피를 마시는 자는 내 안에 거하고 나도 그의 안에 거하나니 요 6:55-56

우리 기억에 도움을 주는 것 중 하나가 음악입니다. 빅터 프랭클은 죽음의 수용소에서 바이올린 연주를 듣고 눈물을 흘리며 아내의 생일을 기억했습니다. 그리고 그의 아내를 기억했습니다. 성경도 음악을 무척 소중히 여깁니다. 하나님은 찬양을 통해 경배받기를 기뻐하십니다. 하나님이 주신 선물 중에 음악은 이처럼 소중한 것입니다.

음악을 통한 기억은 빅터 프랭클이 어려운 현실을 지탱하도록 만들어 준 힘이었습니다. 우리가 하나님의 말씀을 암송함으로 기억할 때 그 말씀이 우리 현실을 지탱할 수 있도록 붙잡아 줍니다. 우리의 믿음을 견고하게 만들어 줍니다.

좋은 기억은 미래에 대한 기대를 갖게 한다

좋은 기억은 우리에게 지탱할 힘을 제공할 뿐만 아니라 미래에 대한 거룩한 기대를 갖도록 만들어 줍니다. 성경 암송이 소중한 까닭은 그것이 우리의 힘든 현실을 견뎌 내고 지탱할 수 있는 능력을 제공해 주기 때문입니다. 또한 과거에 하나님이 베푸신 은혜를 기억하며 미래에 대한 기대를 갖도록 만들어 주기 때문입니다.

성찬은 예수님이 과거에 십자가를 통해 무슨 일을 하셨는가를 보여 줍니다. 예수님은 십자가에서 죽으신 것으로 끝이 아니라 사흘 후에 부활하셨습니다. 예수님이 살과 피를 내어 주신 성찬을 기념할 때 우리는 절망을 기억하는 것이 아니라 소망을 기억하는 것입니다. 우리의 모든 죄가 용서받았으며 이제 부활의 소망을 가지고 살게 되었다는 것을 기억하는 것입니다. 어떤 상황에서도 부활이 있으며, 인생 역전이 있음을 기억할 때 우리는 소망을 향해 전진할 수 있게 됩니다.

> 좋은 기억은 좋은 인도함을 제공합니다. 우리 모두는 실의와 실패와 우울의 시간에 우리에게 새로운 자신감과 희망을 주는 것이 좋은 기억임을 경험했습니다. 밤이 어둡고 모든 것이 칠흑 같고 두려울 때 우리는 밝은 새날을 희망할 수 있습니다. 왜냐하면 전에 밝은 날을 보았기 때문입니다. 우리의 희망은 우리의 기억 위에 세워집니다. 기억 없이는 어떤 기대도 없습니다.
>
> _ 헨리 나우웬, 《예수님을 생각나게 하는 사람》, 71쪽

성령님은 예수님이 하신 말씀을 기억나게 하심으로 우리를 진리 가운데로 인도하십니다.

보혜사 곧 아버지께서 내 이름으로 보내실 성령 그가 너희에게 모든 것을 가르치고 내가 너희에게 말한 모든 것을 생각나게 하리라

요 14:26

여기서 우리가 다시 반복해서 강조해야 할 것이 있다면, 하나님의 말씀을 암송하는 것입니다. 암송을 통해 기억의 창고에 말씀을 담아 두는 것입니다.

기억은 하나님의 말씀과 행사를 저장하는 곳이다. 또 모든 일에 하나님께 영광을 돌리며 찬양과 감사의 삶을 살 힘과 능력을 풍부히 제공한다. … 시편 전체에 드러나는 한 가지 주제는 기억과 기대다. 즉, 하나님이 과거에 어떻게 일하셨는지를 기억하고 그분이 미래에도 그분의 말씀을 이루실 것을 기대하는 것이다.
성찬식은 기억을 돕는 최고의 장치다. … 우리는 성찬식을 통해 우리를 위한 그분의 큰 희생을 기억하고, 그분의 무한한 사랑을 다시 경험한다. 그때에 우리는 부활의 주님과 교제하고 함께 성찬을 나누는 다른 그리스도인들과 교제한다. 그리스도와의 만남은 우리를 치유하시고 새롭게 하신다.

_ 오대원, 《묵상하는 그리스도인》, 예수전도단, 260-261쪽

켄 시게마츠는 하나님의 말씀을 저장해 둘 도서관을 마음속에 지으라고 권면합니다.

성경 구절을 외우면 내면에 끊임없는 묵상을 위한 일정의 도서관
이 만들어진다. 12세기를 살았던 베네딕토회 수사 윌리엄 티에리
(William Thierry)는 《황금서(Golden Epistle)》라는 책에서 이렇게 말했다.
"읽는 것 중 일부를 매일 기억이란 위에 넣어 소화시켜야 한다.
그리고 때로는 그것을 되새김하기 위해 수시로 꺼내야 한다."

_ 켄 시게마츠, 《상황에 끌려다니지 않기로 했다》, 두란노, 109쪽

성경 암송으로 죄 용서를 기억하라

기억하고 기념한다는 것은 새롭게 경험하는 것입니다. 결혼기념
일에 우리는 결혼할 당시의 사랑을 기억하고 기념합니다. 또한 그
사랑을 상기하며 그 사랑을 새롭게 경험하길 원합니다. 예수님의
성찬을 기념하는 것은 예수님의 사랑을 현재화해서 경험하는 것을
의미합니다. 로널드 롤하이저는 성찬을 통해 과거의 사건을 현재화
할 수 있다고 말합니다.

기독교는 이것을 "기념하기(making memorial)"라고 표현한다. 이것은
과거의 사건을 의식적(ritual) 기억을 통해 기념될 수 있다는 개념으
로, 우리는 이것을 통해 과거의 사건을 현재화시킬 수 있고 과거
의 사건에 참여할 수 있게 된다. … 우리는 그리스도께서 죽으시
고 부활하신 사건들을 '실제적 현실'로 경험할 수 있다. 더욱이 우

리가 경험한 실체는 우리가 성찬에 온전히 참여할 수 있게 한다.
_로널드 롤하이저, 《성찬의 영성》, 그루터기하우스, 71-72, 74쪽

예수님의 성찬을 통해 주신 것은 예수님의 피입니다. 예수님의 피는 하나님의 피입니다. 이 피는 새 언약의 피입니다. 예수님의 피는 용서의 피입니다. 죄 사함을 위해 흘리신 피입니다.

27 또 잔을 가지사 감사 기도 하시고 그들에게 주시며 이르시되 너희가 다 이것을 마시라 28 이것은 죄 사함을 얻게 하려고 많은 사람을 위하여 흘리는 바 나의 피 곧 언약의 피니라 마 26:27-28

저녁 먹은 후에 잔도 그와 같이 하여 이르시되 이 잔은 내 피로 세우는 새 언약이니 곧 너희를 위하여 붓는 것이라 눅 22:20

구약은 옛 언약입니다. 옛 언약에서 흘린 피는 동물의 피였습니다. 신약은 새 언약입니다. 새 언약을 통해 부어 주시는 피는 예수님의 피입니다. 예수님의 피는 동물의 피와 비교할 수 없습니다. 동물의 피는 죄를 덮어 주었지만 죄를 없이하지는 못했습니다. 반면에 예수님의 피는 죄를 덮어 줄 뿐만 아니라 죄를 없이해 주십니다. 우리가 성찬을 통해 거듭 확인해야 할 것은 용서입니다.

용서는 과거의 죄를 없이해 주고 새롭게 출발하도록 도와줍니다. 우리는 예수님의 용서는 망각한 채 이미 용서해 준 죄를 거듭 기억

할 때가 많습니다. 과거에 받은 상처만 기억할 때가 많습니다. 예수님은 십자가에서 우리의 모든 죄를 용서하시고, 우리를 불리하게 만드는 모든 과거의 기록을 도말해 주셨습니다.

13 또 범죄와 육체의 무할례로 죽었던 너희를 하나님이 그와 함께 살리시고 우리의 모든 죄를 사하시고 14 우리를 거스르고 불리하게 하는 법조문으로 쓴 증서를 지우시고 제하여 버리사 십자가에 못 박으시고 골 2:13-14

하나님께서는 우리에게 불리한 조문들이 들어 있는 빚문서를 지워 버리시고, 그것을 십자가에 못박으셔서, 우리 가운데서 제거해 버리셨습니다 골 2:14, 새번역

예수님이 피로 세운 언약을 믿는 것은 축복입니다. 예수님은 우리의 죄를 용서하신 후에는 그 죄를 다시 기억하지 않으십니다(히 10:16-17). 우리가 성찬을 통해 기억해야 할 사실은 예수님이 우리 죄를 용서하셨다는 사실입니다. 또한 하나님이 우리 죄를 용서하신 후에는 다시 기억하지 않으신다는 사실입니다. 참된 믿음, 하나님을 기쁘시게 하는 믿음은 말씀대로 믿는 것입니다. 하나님이 행하신 일과 하나님이 약속하신 말씀을 그대로 믿는 것입니다.

우리는 성경을 암송함으로 하나님이 우리 죄를 잊으신 사실, 망각하신 은혜를 기억할 수 있습니다. 또한 우리는 하나님이 우리 죄

를 망각하셨다는 사실을 믿음으로써 용서받은 죄와 과거를 망각할 수 있어야 합니다. 그때 우리는 미래를 향해 희망차게 전진할 수 있습니다. 미로슬라브 볼프는 단테의 《신곡》에서 글을 인용하면서 죄를 망각하는 것과 선행을 기억하는 것에 대해 언급합니다.

그대가 보는 물은 불었다 줄었다 하는 강처럼

추위로 인한 수증기로 채워지는

수맥에서 나온 것이 아니라오.

이 물은 영원히 솟아나는 깨끗한 샘에서 흐르니

하나님의 뜻에 따라 두 가닥 물줄기로 나뉘어

쏟아지는 만큼 다시 채워진다오.

이쪽 물줄기는 사람에게 죄악의 기억을

거두는 힘과 함께 흐르고,

저쪽 물줄기는 온갖 선행의 기억을 새롭게 한다오.

이쪽은 레테, 저쪽은 에우노에라고 하는데

이쪽과 저쪽을 다 맛보기 전에는 효험이 일지 않는다오.

그 맛은 그 어떤 달콤함보다 뛰어나다오.

/ 단테

_미로슬라브 볼프, 《기억의 종말》, IVP, 189쪽 재인용

단테는 죄악의 기억을 거두는 샘물을 마셔야 하며, 모든 선행의 기억을 새롭게 하는 샘물을 마셔야 한다고 말합니다. 죄악의 기억

을 거두는 것은 망각의 행복입니다. 또한 선행의 기억을 새롭게 하는 것은 기억의 행복입니다. 우리가 건강한 삶을 살기 위해서는 망각의 행복과 기억의 행복을 모두 누려야 합니다.

그런 면에서 성찬은 축제입니다. 우리 죄가 사함받은 일에 대한 축제입니다. 또한 우리가 예수님 안에서 새로운 피조물이 되었다는 것을 기념하는 축제입니다. 새로운 피조물이 된 우리가 새로운 공동체에 속하게 되었다는 것을 기념하는 축제입니다.

성찬은 우리가 예수님을 믿는 믿음의 공동체 안에서 한 몸이 되었다는 사실을 함께 축하하는 것입니다. 우리가 성찬에 참여함으로 예수님의 몸에 소속된 한 멤버가 되었다는 사실을 잘 설명해 준 사람은 파커 팔머입니다.

> '기억하다'(remember)는 것은 말 그대로 보면 '몸을 다시 합체시킨다'(re-member), 진리의 공동체로부터 분리되었던 부분들을 다시 하나로 만든다, 전체를 재결합시킨다는 의미다. 're-member'의 반대는 '망각하다'(forget)가 아니라, 'dis-member'(절연하다)이다. 진리를 망각하면 바로 절연이 일어난다.
> _ 파커 팔머, 《가르침과 배움의 영성》, IVP, 149쪽

성찬은 혼자 하는 것이 아닙니다. 믿음의 공동체가 함께 나누는 것입니다. 성찬은 거룩한 음식과 음료를 나누는 교제의 식탁입니다. 생명의 떡이신 예수님의 살을 함께 나누는 식탁입니다. 참된 음

료인 예수님의 피를 함께 마시는 거룩한 식탁입니다.

성경 암송과 뇌의 변화

성경 암송과 기억을 관련시켜 보려면 우리 기억의 원천인 뇌를 연구할 필요가 있습니다. 하나님의 사랑을 통해 우리의 뇌는 치유되고 변화됩니다. 뇌에 대한 연구가 놀라운 발전을 거듭하고 있습니다.

뇌를 연구하는 과학자들은 뇌 구조 속에서 기억하는 역할을 하는 부분을 찾아냈습니다. 해마는 기억과 새로운 학습을 관장하는 뇌 부위입니다. 하지만 해마만 기억과 관련되어 있는 것이 아닙니다. 뇌의 다른 부분도 기억과 함께 감정을 다루는 부분이 있다는 것이 밝혀졌습니다. 이처럼 뇌의 연구를 통해 하나님이 왜 말씀을 암송하고 묵상하라고 명하셨는지에 대한 비밀이 드러나기 시작했습니다. 또한 하나님을 예배할 때 얼마나 놀라운 일들이 우리 뇌에서 일어나며, 그것이 우리의 마음과 몸에 어떤 영향을 끼치는지에 대한 연구 결과가 나오고 있습니다.

최근에 예수님을 믿는 신경정신과 의사인 티머시 R. 제닝스가 쓴 《뇌, 하나님 설계의 비밀》이라는 책이 많은 사람들의 관심을 끌고 있습니다. 그는 이 책에서 앤드류 뉴버그 박사의 뇌 연구 결과에 대해 다음과 같이 소개합니다.

앤드류 뉴버그(Andrew Newberg) 박사가 최근 펜실베이니아대학교에서 실시한 뇌 연구에 따르면, 모든 형태의 명상이 뇌의 긍정적인 변화와 유관한 것으로 밝혀졌다. 하지만 최대의 뇌 기능 향상은 참여자들이 구체적으로 사랑의 하나님을 묵상할 때 이루어졌다. 이런 묵상은 전전두피질을 발달시키고, 그에 따른 공감과 동정과 긍휼과 이타심의 역량을 높여 주는 것으로 나타났다. 하지만 가장 놀라운 부분은 그다음이다. 사랑의 하나님을 예배하면 타인 중심의 사랑이 커질 뿐 아니라 예리한 사고력과 기억력까지 더 좋아진다. 다시 말해서 사랑의 하나님을 예배하면 실제로 뇌의 치유와 성장이 촉진된다.

_ 티머시 R. 제닝스, 《뇌, 하나님 설계의 비밀》, CUP, 50쪽

티머시 R. 제닝스는 이 책에서 하나님을 사랑하고 신뢰할 때 뇌가 치유되고 성품이 정화된다고 강조합니다. 그는 전전두피질과 대뇌변연계가 어떤 생각과 감정에 의해 움직이는지를 다음과 같이 설명합니다. 왜 사랑이 중요하고, 왜 두려움을 경계해야 하는지를 강조합니다.

두려움이 커지면 사랑과 성장과 발달과 건강한 사고는 줄어든다. 사랑이 커지면 두려움이 줄어들 뿐 아니라 성장과 발달과 건강한 사고가 모두 향상된다. 두려움과 사랑은 반비례 관계다. 우리가 건강한 사랑, 긍휼, 이타심, 공감, 논리력, 판단력, 예배하는 능력, 양심, 도덕성, 계획하고 조직하고 문제를 해결하는 능력 등을 경

성경 암송과 거룩한 습관

험하는 곳은 바로 전전두피질이다. 반면에 두려움, 불안, 이기심, 분노, 격분, 정욕, 질투, 시기, 공격은 끊임없이 자극된 대뇌변연계에서 발생한다.

_ 티머시 R. 제닝스,《뇌, 하나님 설계의 비밀》, CUP, 77쪽

사도 요한은 하나님은 사랑이시라고 말합니다. 또한 사랑에는 두려움이 없다고 말합니다. 사랑이 두려움을 이겨 낸다는 것입니다.

사랑 안에 두려움이 없고 온전한 사랑이 두려움을 내쫓나니 두려움에는 형벌이 있음이라 두려워하는 자는 사랑 안에서 온전히 이루지 못하였느니라 요일 4:18

우리는 성경 암송을 통해 기억의 기술과 망각의 기술을 모두 배워야 합니다. 여기서 우리는 기억의 기술과 망각의 기술에 균형을 이루어야 할 필요를 느낍니다. 기억해야 할 것을 기억하고, 망각해야 할 것을 망각하는 것입니다. 무조건 모든 것을 기억해야 한다는 집착을 버려야 합니다. 또한 모든 것을 망각해야 한다는 집착도 버려야 합니다.

삶의 어떤 부분도 원하는 순간에 당장 잊히지 않을 만큼
지나치게 의미 심장해져서는 안 된다.
그러나 삶의 모든 부분은 언제라도 기억해 낼 수 있을 만큼

의미 있는 것이어야만 한다.

/ 쇠렌 키에르케고르

우리가 망각해야 할 것을 망각하기 위해서는, 망각하기 위해 몸부림치기보다는 좋은 기억을 통해 망각에 이르러야 합니다. 나쁜 습관을 없애는 가장 좋은 길은 나쁜 습관을 없애려고 몸부림치기보다 좋은 습관을 더해 가는 것입니다. 나쁜 습관을 없애기 위해 노력하다 보면 더욱 나쁜 습관에 관심을 갖게 되고, 나쁜 습관을 생각하고 매이게 됩니다. 하지만 우리가 좋은 습관을 형성하면서 좋은 습관을 통해 누리는 즐거움을 만끽할 때 나쁜 습관은 자연스럽게 우리 곁을 떠나게 됩니다.

우리는 성경 암송을 통해 하나님의 은혜를 기억하는 중에 망각해야 할 과거의 기억을 떨쳐 버릴 수 있습니다. 또한 하나님이 우리 죄를 망각하신 사실을 기억함으로써 과거의 죄로부터 자유롭게 될 수 있습니다. 과거의 죄보다 죄를 망각해 주신 하나님의 은혜에 초점을 맞출 수 있습니다. 망각하고 싶은 것이 있다면 새롭게 기억하고 생각할 내용을 찾아내십시오. 무엇보다 우리의 모든 죄를 덮어 주신 하나님의 사랑을 기억하십시오. 그러면 과거로부터 자유로워질 수 있습니다.

말씀 기억은 감사의 세계로 인도한다

우리가 기억해야 할 것은 하나님의 은혜입니다. 하나님의 은혜를 기억할 때 감사 예배를 드릴 수 있습니다. 반면에 하나님의 은혜를 망각할 때 감사를 상실하게 됩니다. 감사를 상실할 때 감동을 상실하게 됩니다. 감사를 상실할 때 우리는 불만과 원망을 품게 됩니다. 반면에 감사를 회복할 때 우리는 자족하게 됩니다. 모든 것을 하나님이 주신 선물로 여기게 됩니다. 감사는 영성의 최고봉입니다. 감사 기도는 가장 아름다운 기도입니다.

예수님은 성찬을 행하실 때 감사 기도를 드리셨습니다. 성찬은 감사의 축제입니다. 감사는 기적을 일으킵니다. 감사는 우리를 치유합니다. 감사는 고난을 이길 힘을 줍니다.

이에 잔을 받으사 감사 기도 하시고 이르시되 이것을 갖다가 너희끼리 나누라 눅 22:17

우리는 성찬에 참여할 때마다 감사해야 합니다. 감사함으로 예수님의 살과 피를 기념하는 떡과 잔을 받아야 합니다. 그때 우리는 놀라운 변화가 우리 안에 일어나는 것을 경험하게 됩니다. 가톨릭은 성찬시 사용하는 떡과 포도주가 예수님의 살과 피로 변한다는 화체설을 주장합니다. 그래서 성찬식이 끝난 떡과 포도주 자체를 신성시합니다. 그런 까닭에 성찬에 아무나 참여하지 못하게 합니다. 가톨릭에서는 미사 시간에 떡은 주지만 잔은 주지 않습니다. 개신교에서는 성찬을 행할 때 떡과 잔이 예수님의 살과 피로 변한다는 것에 초점을 두지 않습니다. 우리는 성찬을 통해 예수님의 살과 피를 기념합니다. 아니, 예수님을 기념합니다. 예수님의 은혜를 기념하는 것입니다. 예수님은 분명히 말씀하셨습니다. "이를 행하여 나를 기념하라!"

우리의 초점은 성찬할 때 사용하는 떡과 포도주보다 예수님께 있습니다. 그리고 믿음으로 예수님의 살과 피를 기념하는 성찬을 취함으로써 영적으로 예수님의 살과 피를 우리가 먹고 마시는 것입니다. 그리함으로 그 살과 피가 우리의 참된 영적 양식과 음료가 됩니다. 그 참된 양식과 음료를 통해 우리는 힘을 얻습니다. 죄사함을 받습니다. 죄사함에 대한 확신 속에 살게 됩니다.

우리가 감사함으로 성찬을 받을 때 우리는 성찬이 선물임을 깨닫습니다. 선물을 주는 분에 대한 가장 큰 보답은 그 선물을 감사함으로 받는 것입니다. 그 선물을 누리는 것입니다. 예수님의 성찬은 예수님의 선물입니다. 가장 고귀한 선물입니다. 예수님은 자신을 선물로 주신 것입니다. 그것은 예수님의 사랑의 극치입니다. 그리고 그 선물을 받은 사람과 영원히 함께하신다고 약속하셨습니다. 영원히 떠나지 않는다고 말씀하셨습니다.

예수님의 선물을 받은 사람은 예수님과 하나가 되어 영생한다고 말씀하셨습니다. 예수님은 우리를 결코 잊지 않으십니다. 버리지 않으십니다. 떠나지 않으십니다. 예수님의 살과 피를 취하는 순간 우리는 예수님과 하나가 되며, 예수님의 몸이라는 공동체와 하나가 됩니다.

우리가 성경을 암송하는 가장 중요한 이유는 하나님을 기억하는 것입니다. 하나님의 은혜를 기억하는 것입니다. 또한 우리와 함께 하시고, 우리 안에 거하시는 하나님과 친밀한 사랑을 나누는 것입니다. 우리 안에서 역사하시는 성령님의 도우심으로 하나님이 생각나게 하는 말씀을 기억하며 묵상하는 것입니다. 더 나아가 우리를 만나는 사람들에게 예수님을 생각나게 만드는 것입니다. 그리함으로 우리는 작은 예수로 살아갑니다. 우리가 만나는 사람들이 우리를 통해 예수님을 생각할 수 있다면 우리는 매우 아름다운 사역을 날마다 감당하게 되는 것입니다.

암송을 위한 질문

☑ 나의 기억의 창고에는 어떤 것들이 들어 있습니까? 하나님의 말씀은 얼마나 차지하고 있습니까?

☑ 하나님은 왜 과거를 기억하고, 예수님을 기념하라고 하셨을까요? 그 이유를 이야기해 보세요.

☑ 성찬을 통해 죄 용서와 구원의 감격을 새롭게 느낀 적이 있습니까? 공동체 안에서 예수님과 한 몸이 되었다는 사실이 믿어집니까?

☑ 성경 암송을 하며 기억해야 할 하나님의 사랑과 은혜는 무엇입니까? 더불어 잊어야 할 과거의 나쁜 기억이 있다면 무엇입니까?

☑ 성경 암송으로 불만과 원망을 버리고 감사를 회복한 적이 있습니까? 그로 인해 하나님이 주신 모든 것을 선물로 여기며 자족하고 있습니까?

참고 도서와 자료

강준민, 《뿌리 깊은 영성》(서울: 두란노, 1999).

강준민, 《묵상과 영적 성숙》(서울: 두란노, 1998).

강준민, 《독서와 영적 성숙》(서울: 두란노, 1999).

강준민, 《자아 발견과 영적 성숙》(서울: 두란노, 1999).

고든 드리아든 & 재닛 보스, 김재영, 오세웅 역, 《학습 혁명》(서울: 해냄, 1999).

나카타니 아키히로, 이선희 역, 《스피드 공부법》(서울: 소담출판사, 2000).

노구치 유키오, 김용운 역, 《초학습법》(서울: 중앙일보사, 1996).

도널드 휘트니, 《영적 훈련》(서울: 네비게이토출판사, 1997).

도슨 트로트맨, 《성경 암송을 통하여 주님께로 돌아오다》(서울: 네비게이토출판사,
1986).

돈 캠벨, 조수철 역, 《모차르트 이펙트》(서울: 황금가지, 1999).

로널드 롤하이저, 《성찬의 영성》(서울: 그루터기하우스, 2011).

로버트 클린턴, 이순정 역, 《영적 지도자 만들기》(서울: 베다니출판사, 1993).

로이 로버트슨, 《디모데 원리》(서울: 네비게이토출판사, 1987).

리로이 아임스, 《그리스도인 성장의 열쇠》(서울: 네비게이토출판사, 1982).

리로이 아임스, 《제자 삼는 사역의 기술》(서울: 네비게이토출판사, 1981).

리로이 아임스, 《동기를 부여하는 지도자》(서울: 네비게이토출판사, 1983).

리처드 포스터, 《영적 훈련과 성장》(서울: 생명의말씀사, 1978).

메조리 J. 톰슨, 고진옥 역, 《영성 훈련의 이론과 실천》(서울: 은성, 1996).

미로슬라브 볼프, 홍종락 역,《기억의 종말》(서울: IVP, 2016).

빅터 프랭클, 이시형 역,《죽음의 수용소에서》(서울: 청아출판사, 2017).

빌 & 수 텔,《어린이 성경 암송》(서울: 네비게이토출판사, 1991).

빌리 그레이엄 전도학교 편,《제자 훈련 셀프 스터디》(서울: 국제제자훈련원, 1999).

밥 포스터,《불타는 세계 비전》(서울: 네비게이토출판사, 1988).

시러 오스트랜더 & 린 슈로더, 허종 역,《수퍼러닝(Superlearning)》(서울: 아진, 1992).

어거스틴, 선한용 역,《고백록》(서울: 대한기독교서회, 2019).

엘리 위젤, 김하락 역,《나이트》(서울: 예담, 2007).

여선구,《페이퍼 학습법》(서울: 규장문화사, 2000).

오대원,《묵상하는 그리스도인》(서울: 예수전도단, 2005).

와다나베 다까아끼, 엄기환 역,《천재적 기억술》(서울: 태우출판사, 2000).

원동연,《5차원 전면 교육 학습법》(서울: 김영사, 2000).

장경철,《금방 까먹을 것은 읽지도 마라》(서울: 두란노, 2010).

장경철,《책 읽기의 즐거운 혁명》(서울: 두란노, 1999).

전정재,《사랑의 혁명》(서울: 시공사, 1993).

제리 브릿지즈,《영적인 의지력》(서울: 네비게이토출판사, 1986).

제임스 K. A. 스미스, 박세혁 역,《습관이 영성이다》(서울: 비아토르, 2018).

조이스 위코프, 라명희 역,《마인드 맵핑》(서울: 평범사, 1995).

존 나이스비트, 박동진 역,《메가 챌린지》(서울: 국일증권경제연구소, 1999).

존 스토트,《그리스도인의 사고 활용과 성숙》(서울: IVP, 1984).

찰스 험멜,《늘 급한 일로 쫓기는 삶》(서울: IVP, 1998).

성경 암송과 거룩한 습관

체리 풀러, 최수정 역,《21일 학습 여행》(서울: 예영커뮤니케이션, 1999).

켄 시게마츠, 정성묵 역,《상황에 끌려다니지 않기로 했다》(서울: 두란노, 2019).

코다마 미츠오, 강수정 역,《뇌력 개발》(서울: 태웅출판사, 2000).

타고 아키라, 심순홍 역,《기억력 휘어잡기》(서울: 예림미디어, 1997).

토니 부잔, 김용운 역,《마인드맵 기억법》(서울; 평범사, 1994).

토니 부잔, 라명희 역,《마인드맵 북》(서울: 평범사, 1994).

테드 워드, 김희자 역,《자녀 교육을 깨운다》(서울: 두란노, 1989).

티머시 R. 제닝스, 윤종석 역,《뇌, 하나님의 설계의 비밀》(서울: CUP, 2015).

파커 팔머, 이종태 역,《가르침과 배움의 영성》(서울: IVP, 2014).

편집부 편,《네비게이토 주제별 성경 암송》1, 2, 3권(서울: 네비게이토출판사, 1987).

편집부 편,《네비게이토 주제별 성경 암송 (5시리즈)》(서울: 네비게이토출판사, 1991).

편집부 편,《영적 건강의 비결: 주제별 성경 암송법》1, 2, 3권(서울: 네비게이토출판사, 1984).

편집부 편,《네비게이토 2:7 시리즈》(서울: 네비게이토출판사, 1983).

피터 드러커, 이재규 역,《프로페셔널의 조건》(서울: 청림출판, 2000).

하워드 헨드릭스 외, 이건일 역,《그리스도인의 기본 훈련》(생명의말씀사, 1995).

하워드 헨드릭스, 곽철호 역,《리더십이 자라는 창의력 혁명》(서울: 도서출판 디모데, 2000).

한명철,《창조적 사고를 키우는 자기 학습법》(서울: 두란노, 1999).

한명철,《성경 통달에 이르게 하는 자기 학습법》(서울: 두란노, 2000).

헨리 나우웬, 피현희 역, 《예수님을 생각나게 하는 사람》(서울: 두란노, 2011).

ㄴ 쿠프리야노비치, 《기억력을 좋게 하라》(서울: 보이스사, 1988).

C.C.C. 필수 암송 성구(서울: 순출판사, 1998).

성경 암송 카드(샤이닝아트).